ŒUVRES POSTHUMES

DE

STENDHAL

VIE DE NAPOLÉON

CALMANN LÉVY, ÉDITEUR

ŒUVRES COMPLÈTES
DE
STENDHAL
(HENRY BEYLE)

Format grand in-18

LA CHARTREUSE DE PARME............	1 vol.
L'ABBESSE DE CASTRO.— *Les Cenci*,— *La Duchesse de Paliano*, — *Vittoria Accaramboni*........	1 —
CORRESPONDANCE INÉDITE. Introduction de P. Mérimée et portrait............	2 —
DE L'AMOUR.................	1 —
HISTOIRE DE LA PEINTURE EN ITALIE.....	1 —
MÉLANGES D'ART ET DE LITTÉRATURE, en grande partie inédits............	1 —
MÉMOIRES D'UN TOURISTE. — Préface inédite..	2 —
NOUVELLES. — *Vanina Vanini*, — *Le Philtre*, — *Le Coffre et le Revenant*, etc., etc........	1 —
NOUVELLES INÉDITES.............	1 —
PROMENADES DANS ROME............	2 —
RACINE ET SHAKSPEARE...........	1 —
ROMANS ET NOUVELLES............	1 —
ROME, NAPLES ET FLORENCE. — Préface inédite.	1 —
LE ROUGE ET LE NOIR............	1 —
VIE DE NAPOLÉON. — Fragments.........	1 —
VIE DE ROSSINI...............	1 —
VIES DE HAYDN, DE MOZART ET DE MÉTASTASE	1 —

IMPRIMERIE GÉNÉRALE DE CHATILLON-SUR-SEINE, JEANNE ROBERT

VIE

DE

NAPOLÉON

— FRAGMENTS —

DE STENDHAL

(HENRY BEYLE)

PARIS

CALMANN LÉVY, ÉDITEUR

ANCIENNE MAISON MICHEL LÉVY FRÈRES

RUE AUBER, 3, ET BOULEVARD DES ITALIENS, 15

A LA LIBRAIRIE NOUVELLE

—

1876

Droits de reproduction et de traduction réservés

AVANT-PROPOS

Cet ouvrage, fruit de vingt ans de travaux, avait d'abord été conçu sur un plan plus vaste et tout autre que celui sous la forme duquel il arrive au public. L'auteur s'étant proposé d'écrire la vie de Napoléon, tout ce qui pouvait se rattacher à l'existence de ce grand homme avait été, pour lui, l'objet de recherches minutieuses et d'études approfondies. Une connaissance personnelle de faits intéressants, sur lesquels on n'avait que peu ou point de notions, donnait encore à Beyle des avantages particuliers. Cependant, tout en poursuivant son travail, il entrevit que la tâche qu'il s'était imposée serait bien lourde, et, modifiant le plan primitif, son objet ne fut plus que de composer des *Mémoires* sur *Napoléon*, pouvant faire la matière de six ou sept volumes.

Quant à la forme donnée, voici celle du manuscrit trouvé après sa mort. L'auteur, prenant un fait important ou une époque, dit ce qu'il en sait. Puis, il donne à la suite de sa version et textuellement, celle de Napoléon, copiée soit dans le *Mémorial de Sainte-Hélène*, soit dans les *Mémoires* dictés par Napoléon, pendant son exil, à MM. de Montholon et Gourgaud.

L'ouvrage devait embrasser toute la vie de Napoléon, mais l'ouvrier a manqué à l'œuvre et elle s'arrêtait au siége de Saint-Jean d'Acre, pendant l'expédition d'Égypte; encore quelques parties n'étaient-elles qu'ébauchées. Il ne s'agit donc nullement ici du Consul ni de l'Empereur.

Réduit à offrir au public de simples fragments de cette composition, il eût été hors de propos de reproduire les longues citations empruntées au *Mémorial de Sainte-Hélène* et aux *Mémoires de Napoléon*.

R. COLOMB.

4 avril 1845.

A

MONSIEUR LE LIBRAIRE

Je vous en demande pardon, Monsieur, il n'y a nulle emphase dans les volumes que l'on vous présente à acheter. S'ils étaient écrits en *style Salvandy*, on vous demanderait quatre mille francs par volume.

Il n'y a jamais de grandes phrases; jamais le style ne *brûle* le papier, jamais de *cadavres* ; les mots *horrible, sublime, horreur, exécrable, dissolution de la société*, etc., ne sont pas employés.

L'auteur a la fatuité de n'*imiter* personne; mais son ouvrage fait, s'il fallait, pour en donner une idée, en comparer le style à celui de quelqu'un des grands écrivains de France, l'auteur dirait :

J'ai cherché à raconter non pas comme MM. de Salvandy ou de Marchangy, mais comme Michel de Montaigne ou le président de Brosses.

POURQUOI

AI-JE CONDUIT AINSI LES IDÉES DU LECTEUR?

(13 février 1837)

PRÉFACE POUR MOI

L'histoire ordinaire (celle de M. Thibeaudeau, par exemple), instruit le procès avec ostentation d'impartialité, comme Salluste, et laisse le prononcé du jugement au lecteur.

Par là, ce jugement ne peut être que commun : *Jacques est un coquin ou un honnête homme.* Moi, j'énonce ces jugements, et ils sont fondés sur une connaissance plus intime, et surtout plus délicate, du juste et de l'injuste : des jugements d'âme généreuse. Je voilerais la moitié du *qualsisia merito* [1] (sans atteindre au mérite d'arrangement d'un Lemontey), si je ne prononçais pas les jugements moi-même; souvent d'une des circonstances de ce

1. Mérite quelconque.

premier jugement, j'en tire un second. Donc, intituler ceci : *Mémoires sur la vie de Napoléon.*

Par . riginalité non cherchée (souvent je la voile exprès) de la pensée, je pourrai peut-être faire avaler six volumes. S'il fallait me gêner, je n'aurais pas la patience de continuer ; et pourquoi me gêner, pour devenir un *dimidiato* [1] Lemontey ou Thiers ?

1. Un demi.

PRÉFACE

> De 1806 à 1814, j'ai vécu dans une société dont les actions de l'Empereur formaient la principale attention. Pendant une partie de ce temps, j'ai été attaché à la cour de ce grand homme, et je le voyais deux ou trois fois la semaine. (H. B.)

> *Fu vera gloria?*
> *Ai posteri l'ardua sentenza.*
> (Manzoni, *Ode sur Napoléon.*)

Un homme a eu l'occasion d'entrevoir Napoléon à Saint-Cloud, à Marengo, à Moscou; maintenant il écrit sa vie, sans nulle prétention au beau style. Cet homme déteste l'emphase comme germaine de l'hypocrisie, le vice à la mode au xix° siècle.

Les petits mérites seuls peuvent aimer le mensonge qui leur est favorable; plus la vérité tout entière sera connue, plus Napoléon sera grand.

L'auteur emploiera presque toujours les propres paroles de Napoléon pour les récits militaires. Le même homme qui a fait a raconté. Quel bonheur pour la curiosité des siècles à venir! Qui oserait, après Napoléon, raconter la bataille d'Arcole?

Toutefois, tout occupé de son récit, il était plein de ce magnifique sujet, et supposant, comme les gens passionnés, que tout le monde devait le comprendre à demi-mot, quelquefois il est obscur. Alors on a placé, avant l'admirable récit de Napoléon, les éclaircissements nécessaires. L'auteur les a trouvés dans ses souvenirs.

En sa qualité de souverain, Napoléon écrivant mentait souvent. Quelquefois le cœur du grand homme soulevait la croûte impériale; mais il s'est toujours repenti d'avoir écrit la vérité et, de temps en temps, de l'avoir dite. A Sainte-Hélène, il préparait le trône de son fils, ou un second retour, comme celui de l'île d'Elbe. J'ai tâché de n'être pas dupe.

Pour les choses que l'auteur a vues ou qu'il croit vraies, il aime mieux employer les paroles d'un autre témoin, que de chercher lui-même à fabriquer une narration.

Je n'ai pas dit de certains personnages tout le mal que j'en sais; il n'entrait point dans mes intentions de faire de ces mémoires un cours de connaissances du cœur humain.

J'écris cette histoire telle que j'aurais voulu la trouver écrite par un autre, au talent près. Mon but est de faire connaître cet homme extraordinaire, que j'aimais de son vivant, que j'estime maintenant de tout le mépris que m'inspire ce qui est venu après lui.

Comptant sur l'intelligence du lecteur, je ne garde

point toutes les avenues contre la critique; les hypocrites m'accuseront probablement de manquer de morale, ce qui n'augmentera nullement la dose de mépris que j'ai pour ces gens-là.

Il n'y a pas d'opinion publique à Paris sur les choses contemporaines; il n'y a qu'une suite d'engouements, se détruisant l'un l'autre, comme une onde de la mer effaçant l'onde qui la précédait.

Le peuple, que Napoléon a civilisé en le faisant propriétaire et en lui donnant la même croix qu'à un maréchal, le juge avec son cœur, et je croirais assez que la postérité confirmera l'arrêt du peuple. Quant aux jugements des salons, je suppose qu'ils changeront tous les dix ans, comme j'ai vu arriver en Italie, pour le Dante, aussi méprisé en 1800 qu'il est adoré maintenant.

L'art de mentir a singulièrement grandi depuis quelques années. On n'exprime plus le mensonge en termes exprès, comme du temps de nos pères; mais on le produit au moyen de formes de langage vagues et générales, qu'il serait difficile de reprocher au menteur et surtout de réfuter en peu de mots. Pour moi, je prends dans quatre ou cinq auteurs différents, quatre ou cinq petits faits; au lieu de les résumer par une phrase générale, dans laquelle je pourrais *glisser des nuances mensongères*, je reproduis ces petits faits, en employant, autant que possible, les paroles mêmes des auteurs originaux.

Tout le monde avoue que l'homme qui raconte doit *dire la vérité clairement*. Mais pour cela il faut avoir le courage de descendre aux plus petits détails. C'est là, ce me semble, le moyen unique de répondre à la défiance du lecteur. Loin de redouter cette défiance, je la désire et la sollicite de tout mon cœur.

Par le mensonge qui court, la postérité ne pourra guère se fier qu'aux historiens contemporains. On sent chez un homme le ton de la vérité. D'ailleurs, dix ans après sa mort, la camaraderie qui le protégeait est dissoute, et celle qui lui succède met la vérité de cet écrivain au nombre de ces vérités indifférentes qu'il faut bien admettre, pour se donner du crédit, et pouvoir mentir avec quelque succès sur tout le reste.

Avant 1810, quand un écrivain mentait, c'était par l'effet d'une passion qui se trahissait d'elle-même et qu'il était facile d'apercevoir. Depuis 1812, et surtout depuis 1830, l'on ment de sang-froid pour arriver à une place; ou, si l'on a de quoi vivre, pour atteindre, dans les salons, à une considération agréable.

Que de choses fausses dites sur Napoléon! N'est-ce pas M. de Chateaubriand [1] qui a prétendu qu'il manquait de bravoure personnelle, et que, d'ailleurs, il s'appelait Nicolas? Comment s'y prendra l'historien de 1860 pour se défendre de tous les faux mémoires qui, chaque mois, ornent les *Revues* de 1837? — L'écrivain qui a vu l'entrée de Napoléon à Berlin le 27 octobre 1806, qui l'a vu à

---

1. Mort à Paris le 4 juillet 1848, M. de Chateaubriand était né le 4 septembre 1768.

Wagram, qui l'a vu marchant un bâton à la main, dans la retraite de Russie, qui l'a vu au conseil d'État, s'il a le courage de dire la vérité *sur tout*, même contre son héros, a donc quelque avantage.

Quand, pour mon malheur, il m'arrivera d'avoir une opinion qui n'entre pas dans le *Credo* littéraire ou politique du public de 1837, loin de l'envelopper savamment, je l'avouerai de la façon la plus claire et la plus crue. La crudité, je le sais, est un défaut de style; mais l'hypocrisie est un défaut de mœurs tellement prédominant de nos jours, qu'il faut se précautionner de toutes les ressources, pour n'y pas être entraîné.

L'art de mentir fleurit surtout à l'aide du beau style académique et des périphrases commandées, dit-on, par l'élégance. Moi je prétends qu'elles sont commandées par la prudence de l'auteur qui, en général, veut de la littérature se faire un chausse-pied à quelque chose de mieux.

Je prie donc le lecteur de pardonner au style le plus simple et le moins élégant; à un style qui ressemblerait, s'il en avait le talent, au style du XVIIe siècle, au style de M. de Sacy, traducteur des lettres de Pline, de M. l'abbé Mongault, traducteur d'Hérodien. Il me semble que j'aurai toujours le courage de choisir le mot inélégant, lorsqu'il donnera une nuance d'idées de plus.

En lisant l'histoire ancienne, dans la jeunesse, la plupart des cœurs qui sont susceptibles d'enthousiasme, s'attachent aux Romains et pleurent leurs défaites; et tout cela malgré leurs injustices et leur tyrannie envers leurs alliés. Par un sentiment de même nature, on ne peut plus aimer un autre général après avoir vu agir Napoléon. On trouve toujours dans les propos des autres quelque chose d'hypocrite, de cotonneux, d'exagéré, qui tue l'inclination naissante. L'amour pour Napoléon est la seule passion qui me soit restée; ce qui ne m'empêche pas de voir les défauts de son esprit et les misérables faiblesses qu'on peut lui reprocher.

Maintenant que vous êtes prévenu, ô lecteur malévole, et que vous savez à quel rustre dépourvu de grâces, ou plutôt à quelle dupe, sans ambition, vous avez affaire, si vous n'avez point encore fermé le livre, je vais me permettre de discuter une question.

De bons juges m'ont assuré que ce n'est que dans vingt ou trente ans d'ici que l'on pourra publier une histoire raisonnable de Napoléon. Alors, les mémoires de M. de Talleyrand, de M. le duc de Bassano, et de bien d'autres, auront paru et auront été jugés. L'opinion définitive de la postérité sur ce grand homme aura commencé à se déclarer; l'envie de la classe noble, si ce n'est que de l'envie, aura cessé. Maintenant beaucoup de gens recommandables se font encore une gloire d'appeler Napoléon, *M. de Buonaparté.*

L'écrivain de 1860 aura beaucoup d'avantages; toutes les sottises que le temps détruit ne seront pas arrivées jusqu'à lui; mais il lui manquera le mérite inappréciable d'avoir connu son héros, d'en avoir entendu parler trois ou quatre heures de chaque journée. J'étais employé à sa cour, j'y ai vécu ; j'ai suivi l'Empereur dans toutes ses guerres, j'ai participé à son administration des pays conquis, et je passais ma vie dans l'intimité d'un des ministres les plus influents. C'est à ces titres que j'ose élever la voix et présenter un petit abrégé *provisoire*, qui pourra être lu jusqu'à ce que paraisse la véritable histoire, vers 1860 ou 1880. Le métier du curieux est de lire des livres plats, qui parlent mal d'une chose qui nous intéresse.

J'ai cru devoir donner beaucoup de développements à la campagne d'Italie de 1796 et 1797. C'était le début de Napoléon. Suivant moi, elle fait mieux connaître qu'aucune autre et son génie militaire et son caractère. Si l'on veut considérer l'exiguïté des moyens, la magnifique défense de l'Autriche, et la défiance de soi-même qu'a toujours l'homme qui débute, quelque grand qu'on veuille le supposer, on trouvera que c'est peut-être la plus belle campagne de Napoléon. Enfin, en 1797 on pouvait l'aimer avec passion et sans restriction ; il n'avait point encore volé la liberté à son pays ; rien d'aussi grand n'avait paru depuis des siècles.

J'ai eu l'occasion d'étudier sur les lieux la campagne d'Italie ; le régiment dans lequel je servais en 1800, s'est arrêté à Cherasco, Lodi, Crema, Castiglione, Goïto, Padoue, Vicence, etc. J'ai visité avec tout l'enthousiasme d'un jeune homme, et seulement après la campagne de 1706, presque tous les champs de bataille de Napoléon ; je les parcourais avec des soldats qui avaient combattu sous ses ordres et des jeunes gens du pays émerveillés de sa gloire. Leurs réflexions montraient fort bien les idées qu'il avait su donner aux peuples. Les traces de ses combats étaient évidentes dans la campagne, dans les villes, et encore aujourd'hui les murs de Lodi, de Lonato, de Rivoli, d'Arcole, de Vérone, sont sillonnés par les balles françaises. Souvent il m'est arrivé d'entendre cette belle exclamation : « *Et alors nous pouvions nous révolter contre vous, qui* » *nous rappeliez à la vie!* »

Je logeais *par billet de logement,* chez les plus chauds patriotes; par exemple, chez un chanoine de Reggio, qui m'apprit toute l'histoire contemporaine du pays. Je supplie donc le lecteur de ne pas s'effrayer du nombre de pages occupé par la campagne d'Italie; j'ai vu celles d'Allemagne et de Moscou, mais j'en parlerai moins longuement.

Le manuscrit que je présente au public fut commencé en 1816. Alors j'entendais dire tous les jours que *M. de Buonaparté* avait de la férocité, qu'il était lâche, qu'il ne s'appelait pas Napoléon, mais bien Nicolas, etc., etc. Je fis un petit livre qui ne racontait que les campagnes que j'avais entrevues; mais tous les libraires auxquels je fis parler eurent peur. Je convenais des fautes de Napoléon ; ce fut à ce titre surtout que les gens qui cherchent la fortune en imprimant les pensées des autres, conçurent pour moi un mépris ineffable. Le danger, de la part du procureur du roi, disaient ces messieurs, est presque certain; il faudrait du moins, par compensation, pouvoir compter sur le parti bonapartiste. Or, ce parti compte beaucoup de gens de cœur, mais peu accoutumés à lire. Dès qu'ils verront blâmer leur héros, ils en concluront que l'auteur attend quelque place de la *Congrégation*.

Il n'y avait rien à répondre, je n'y songeais plus. Me trouvant seul à la campagne avec ce manuscrit, je le relus en 1828, et, comme depuis douze ans je voyais contester les faits les plus notoires, comme on allait jusqu'à nier tout à fait des batailles (M. Botta nie Lonato), je pris le parti de raconter les faits clairement, c'est-à-dire longuement.

Une croyance presque instinctive chez moi, c'est que tout homme puissant ment quand il parle, et à plus forte raison, quand il écrit. Toutefois, par enthousiasme pour *le beau idéal militaire*, Napoléon a souvent dit la vérité dans le petit nombre de récits de batailles qu'il nous a laissés. J'ai admis ces récits pour la campagne d'Italie, en les faisant précéder d'un petit sommaire qui suffit pour établir la vérité, et surtout cette partie de la vérité négligée par l'auteur. Comment se priver volontairement de récits si passionnés?

J'ai surtout admis ces récits, parce que mon but est de faire connaître l'homme extraordinaire. Quant à écrire l'histoire de France de 1800 à 1815, je n'y ai aucune prétention.

Je viens d'effacer beaucoup de phrases malsonnantes dans ce manuscrit de 1828. Mais, en évitant de heurter inutilement les personnes qui ne partagent pas mes opinions, je suis tombé comme Calpigi, dans un inconvénient bien pire : *je veux et ne veux pas*. La bonne compagnie réunit dans ce moment un sentiment et une fonction, qui se font entre eux une cruelle guerre : elle a peur du retour des horreurs de 1793, et, en même temps, elle est juge souveraine de la littérature.

On a vu dans les clubs, pendant la Révolution, que toute société qui a peur est, à son insu, dominée et conduite par ceux de ses membres qui ont le moins de lumières et le plus de folie. Dans tous les partis, plus un homme a d'esprit, moins il est de son parti, surtout si on l'interroge en tête-à-tête. Mais, en public, pour ne pas *perdre sa caste*, il doit dire comme les meneurs. Or, que diront les meneurs du présent essai historique? Rien, ou beaucoup de mal. Ainsi, je voudrais être jugé par la bonne compagnie, et la bonne compagnie ne peut lire l'ouvrage suivant, sans choquer son allié le plus intime, celui qui lui a promis de rendre de toute impossibilité ce funeste retour de 93.

C'est en vain que je répéterais, « mais, Messieurs, ce retour sort des bornes du possible; il suffit, pour s'en convaincre, de comparer l'humanité et la générosité du peuple de Paris, pendant les trois journées de 1830, avec la fureur aveugle que montra la populace de 1789, lors de la prise de la Bastille. Rien de plus simple : on avait affaire, en 1789, à un peuple corrompu par la monarchie Pompadour, Dubarry et Richelieu, et nous marchons, en 1837, à côté d'un peuple d'ouvriers, qui sait qu'il peut obtenir la croix de la Légion d'honneur. Il n'est pas d'ouvrier qui n'ait un cousin propriétaire ou légionnaire. Napoléon a refait le moral du peuple français, c'est là sa gloire la plus vraie. Ses moyens ont été l'égale division, entre les enfants, des biens du père de famille (bienfait de la Révolution), et la Légion d'honneur, que l'on rencontre dans les ateliers, sur l'habit du plus simple ouvrier. » Mais à quoi bon raisonner avec la peur ; qui pourrait la persuader? C'est un sentiment vif. Or, en présence d'un intérêt passionné, de l'intérêt de l'existence, qu'est-ce qu'un vain intérêt de littérature et de beaux-arts? Qu'il ne soit plus question de livres pendant cinquante ans, et n'ayons plus de Jacobins.

Comment écrire la vie de Napoléon sans toucher, malgré soi, à quelqu'une de ces quatre ou cinq grandes vérités : les droits de la naissance, le droit divin des rois, etc., etc., dont certaines gens ont arrêté qu'eux seuls pourraient parler.

Il n'y a pas de réponse raisonnable à cette objection. Ainsi, ô mon lecteur, comme je ne veux vous tromper en rien, je suis obligé de vous déclarer qu'il m'a fallu renoncer au suffrage de la bonne compagnie, malgré toute l'estime que je porte à ce suffrage.

Pour prouver, toutefois, que je ne suis pas un ennemi absolu des avantages que l'on peut devoir à la naissance, j'ajouterai que pour qu'un homme soit juge de nos bagatelles littéraires, il faut qu'il ait trouvé dans l'héritage paternel une édition des œuvres de Voltaire, quelques volumes elzévirs et l'Encyclopédie.

La préface d'un livre historique en est une partie nécessaire; elle satisfait à cette question : Quel est cet homme qui vient me faire des récits? C'est pour y répondre que je me permets les détails suivants :

Je vis pour la première fois le général Bonaparte deux jours après son passage du mont Saint-Bernard [1]; c'était au fort de Bard (le 22 mai 1800; il y a trente-sept ans, ô mon lecteur)! Huit ou dix jours après la bataille de Marengo, je fus admis dans sa loge à la Scala (grand théâtre de Milan), pour rendre compte de mesures relatives à l'occupation de la citadelle d'Arona. J'étais à l'entrée de Napoléon à Berlin en 1806, à Moscou, en 1812, en Silésie en 1813. J'ai eu occasion de voir Napoléon à toutes ces époques. Ce grand homme m'a adressé la parole, pour la première fois, à une revue au Kremlin. J'ai été honoré d'une longue conversation en Silésie, pendant la campagne de 1813. Enfin, il m'a donné de vive voix des instructions détaillées, en décembre 1813, lors de ma mission à Grenoble, avec le sénateur comte de Saint-Vallier. Ainsi, je puis me moquer, en sûreté de conscience, de bien des mensonges.

Comme aucun détail vrai ne me semblera puéril, je dirai que je ne sais pas trop si la postérité appellera ce grand homme Bonaparte ou Napoléon; dans le doute, j'emploie souvent ce dernier nom. La gloire qu'il a acquise

1. Le général Bonaparte passa en effet le mont Saint-Bernard le 30 floréal an VIII, correspondant au 20 mai 1800.

sous celui de Bonaparte me semble bien plus pure; mais je l'entends appeler *M. Buonaparté*, par des gens qui le haïssent, et dont lui seul au monde pouvait protéger les priviléges; et ce nom si grand en 1797, me rappelle aujourd'hui, malgré moi, le souvenir ridicule des personnages qui affectent de s'en servir en l'altérant.

Je crains bien qu'aux yeux de la postérité, les écrivains du xix° siècle ne jouent un rôle à peu près semblable à celui des contemporains de Sénèque ou de Claudien, dans la littérature latine.

Une des causes de cette décadence, c'est sans doute la préoccupation antilittéraire, qui porte le lecteur à chercher, avant tout, dans un livre, la religion politique de l'auteur. Quant à moi, je désire le maintien pur et simple de ce qui est. Mais ma religion politique ne m'empêchera pas de comprendre celle de Danton, de Sieyès, de Mirabeau et de Napoléon, véritables fondateurs de la France actuelle, grands hommes, sans l'un desquels la France de 1837 ne serait pas ce qu'elle est.

Avril 1837.

VIE
DE
NAPOLÉON BONAPARTE
— FRAGMENTS —

I

J'éprouve une sorte de sentiment religieux en écrivant la première phrase de l'histoire de Napoléon. Il s'agit, en effet, du plus grand homme qui ait paru dans le monde depuis César. Et même si le lecteur s'est donné la peine d'étudier la vie de César dans Suétone, Cicéron, Plutarque et les *Commentaires*, j'oserai dire que nous allons parcourir ensemble la vie de l'homme le plus étonnant qui ait paru depuis Alexandre, sur lequel nous n'avons point assez de détails pour apprécier justement la difficulté de ses entreprises.

J'espérais que quelqu'un de ceux qui ont vu Napoléon se chargerait de raconter sa vie. J'ai attendu pendant vingt ans. Mais, enfin, voyant que ce grand homme reste de plus en plus inconnu, je n'ai pas voulu mourir sans dire l'opinion qu'avaient de lui quelques-uns de ses compagnons d'armes; car au milieu de toutes les platitudes que l'on connait, il y avait des hommes qui pensaient librement dans ce palais des Tuileries, alors le centre du monde.

L'enthousiasme pour les vertus républicaines, éprouvé dans les années appartenant encore à l'enfance, le mépris excessif et allant jusqu'à la haine pour les façons d'agir des rois, contre lesquels on se battait, et même pour les usages militaires les plus simples, qu'on voyait pratiquer par leurs troupes, avaient donné à beaucoup de nos soldats de 1794 le sentiment que les Français seuls étaient des êtres raisonnables. A nos yeux, les habitants du reste de l'Europe qui se battaient pour conserver leurs chaînes, n'étaient que des imbéciles pitoyables, ou des fripons vendus aux despotes qui nous attaquaient. *Pitt et Cobourg*, dont le nom sonne encore quelquefois, répété par le vieil écho de la révolution, nous semblaient les chefs de ces fripons et la personnification de tout ce qu'il y a de traître et de stupide au monde. Alors tout était dominé par un sentiment profond dont je ne vois plus de vestiges. Que le lecteur, s'il a moins de cinquante ans, veuille bien se figurer, d'après les livres, qu'en 1794, nous n'avions aucune sorte de religion; notre sentiment intérieur et sérieux était tout rassemblé dans cette idée : *être utile à la patrie.*

Tout le reste, l'habit, la nourriture, l'avancement, n'étaient à nos yeux qu'un misérable détail éphémère. Comme il n'y avait pas de société, les *succès dans la société,* chose si principale dans le caractère de notre nation, n'existaient pas.

Dans la rue nos yeux se remplissaient de larmes, en rencontrant sur le mur une inscription en l'honneur du jeune tambour Barra (qui se fit tuer à treize ans, plutôt que de cesser de battre sa caisse, afin de prévenir une surprise). Pour nous, qui ne connaissions aucune autre grande réunion d'hommes, il y avait des fêtes, des cérémonies nombreuses et touchantes, qui venaient nourrir le sentiment dominant tout dans nos cœurs.

Il fut notre seule religion. Quand Napoléon parut et fit cesser les déroutes continuelles auxquelles nous exposait le plat gouvernement du Directoire, nous ne vîmes en lui que l'*utilité militaire* de la dictature. Il nous procurait des victoires, mais nous jugions toutes ses actions par les règles de la religion qui, dès notre première enfance faisait battre nos cœurs : nous ne voyions d'estimable en elle que l'*utilité à la patrie.*

Nous avons fait plus tard des infidélités à cette religion; mais dans toutes les grandes circonstances, ainsi que la religion catholique le fait pour ses fidèles, elle a repris son empire sur nos cœurs.

Il en fut autrement des hommes nés vers 1790 et qui à quinze ans, en 1805, lorsqu'ils commencèrent à ouvrir les yeux, virent pour premier spectacle, les toques de velours ornées de plumes des ducs et comtes, récemment créés par Napoléon. Mais nous, anciens serviteurs de la patrie, nous n'avions que du mépris pour l'ambition puérile et l'enthousiasme ridicule de cette nouvelle génération.

Et parmi ces hommes habitant aux Tuileries, pour ainsi dire, qui maintenant avaient des voitures et sur le panneau de ces voitures de belles armoiries, il en fut beaucoup qui regardèrent ces choses comme un caprice de Napoléon et comme un caprice condamnable; les moins ardents y voyaient une fantaisie *dangereuse pour eux*; pas un sur cinquante, ne croyait à leur durée.

Ces hommes, bien différents de la génération arrivée à l'épaulette en 1805, ne retrouvaient l'*alacrité*, et le bonheur des premières campagnes d'Italie en 1796, que lorsque l'Empereur partait pour l'armée. Je raconterai en son temps la répugnance avec laquelle l'armée réunie à Boulogne, en 1804, reçut la première distribution des croix de la Légion d'honneur; plus tard, j'aurai à parler du républicanisme et de la disgrâce de Delmas, de Lecourbe, etc.

Ainsi, dans l'intérieur même des Tuileries, parmi les hommes qui aimaient sincèrement Napoléon, quand on croyait être bien entre soi, être bien à couvert des investigations de Savary, il y avait des hommes qui n'admettaient d'autre base pour juger des actions de l'Empereur que celle de l'*utilité à la patrie.* Tels furent Duroc, Lavalette, Lannes et quelques autres ; tels eussent été souverainement Desaix et Cafarelli-Dufalga ; et, chose étrange à dire, tel il était lui-même ; car il aimait la France avec toute la faiblesse d'un amoureux.

Telle fut constamment madame Lætitia, mère de Napoléon. Cette femme rare et l'on peut dire d'un caractère unique en France, eut par-dessus tous les autres habitants des Tuileries, la croyance ferme, sincère et jamais ébranlée, que la nation se réveillerait tôt ou tard, que tout l'échafaudage élevé par son fils s'écroulerait et pourrait le blesser en s'écroulant.

Ce grand caractère me ramène enfin à mon sujet, qui est maintenant l'histoire de l'enfance de Napoléon.

La Corse est une vaste agrégation de montagnes couronnées par des forêts primitives et sillonnées par des vallées profondes ; au fond de ces vallées, on rencontre un peu de terre végétale, et quelques peuplades sauvages et peu nombreuses, vivant de châtaignes. Ces gens n'offrent pas l'image de la société, mais plutôt celle d'une collection d'ermites rassemblés uniquement par le besoin. Ainsi, quoique si pauvres, ils ne sont point avares, et ne songent qu'à deux choses : se venger de leur ennemi, et aimer leur maîtresse. Ils sont remplis d'honneur, et cet honneur est plus raisonnable que celui de Paris au XVIIIe siècle; mais, en revanche, leur vanité est presque aussi facile à se piquer que celle d'un bourgeois de petite ville. Si, lorsqu'ils passent dans un chemin, un de leurs ennemis sonne le cornet à bouquin du haut de la montagne voisine, il n'y a point à hésiter, il faut tuer cet homme.

Les vallées profondes, séparées entre elles par les crêtes des hautes chaînes de montagnes, forment la division naturelle de l'île de Corse; on les appelle *pieve* [1].

Chaque *pieve* nourrit quelques familles influentes, se détestant cordialement les unes les autres, quelquefois liguées ensemble, plus habituellement ennemies. A la menace d'un danger commun, les haines s'oublient pour quelques mois; au total ce sont des cœurs brûlants qui, pour sentir la vie, ont besoin d'aimer ou de haïr avec passion.

La loi admirable du coup de fusil fait qu'il règne une grande politesse; mais vous ne trouveriez nulle part la profonde obséquiosité envers le noble d'un

[1]. Paroisse, commune.

village allemand. Le plus petit propriétaire d'une *pieve* ne fait nullement la cour au grand propriétaire, son voisin ; seulement, il vient le joindre avec son fusil sur l'épaule, quand sa vanité est blessée par la même cause que celle de ce voisin. Si Paoli fut puissant dans la guerre contre les Génois et ensuite contre les Français de Louis XV, c'est qu'il avait beaucoup de *pieve* pour lui.

Dès 1755, Pascal Paoli appelé au commandement en chef par les mécontents, chercha à s'emparer des parties montagneuses de l'île ; il réussit et parvint à reléguer les Génois dans les places maritimes.

Ces tyrans de la Corse, désespérant de la dompter, appelèrent les Français à leur aide, et ceux-ci finirent par faire la guerre aux mécontents pour leur propre compte ; de façon que les patriotes de Corse se mirent à détester les Français, héritiers de leurs tyrans et tyrans eux-mêmes [1].

Le duc de Choiseul dirigeait alors la Guerre et les Affaires étrangères de Louis XV.

Parmi les chefs les plus passionnés de l'insurrection de Corse et les compagnons les plus fidèles de Paoli, on distinguait Charles Buonaparte, père de Napoléon. Il avait alors vingt-quatre ans, étant né à Ajaccio en 1744, d'une famille noble, établie dans

---

1. *Mémoires de Dumouriez*, Ier volume. — *Histoire de Corse*, de Cambiagi.

l'île vers la fin du xv⁰ siècle. Charles Buonaparte héritier d'une fortune médiocre, administrée par deux oncles prêtres et gens de mérite, avait étudié les lois à Pise, en Toscane. A son retour dans sa patrie, il épousa, sans le consentement de ses oncles, Lætitia Ramolini, qui passait pour la jeune fille la plus séduisante de l'île ; lui-même était fort bel homme et fort aimable.

En 1768, la querelle entre les Français et les Corses ayant atteint le dernier degré d'exaspération, et les Français ayant fait passer dans l'île des troupes extrêmement nombreuses, Charles Buonaparte se rendit à Corte auprès de Pascal Paoli et, ne voulant pas laisser d'otages aux Français, emmena avec lui ses oncles et sa femme.

Paoli avait beaucoup de confiance en lui. On attribue à Charles Buonaparte l'*adresse* à la jeunesse corse, publiée à Corte en juin 1768, et insérée, depuis, dans le iv⁰ volume de l'histoire de Corse de Cambiagi.

Après la sanglante défaite de Ponte Novo, qui dissipa toutes les illusions d'indépendance conçues par Paoli et partagées par la majorité de la nation corse, Charles Buonaparte fut du nombre de ces patriotes fermes, qui ne désespérèrent point encore et voulurent accompagner Clemente Paoli, frère du général, à Niolo. Ils espéraient pouvoir soulever la population de cette province belliqueuse et la lancer contro l'armée française, qui s'avançait à grands pas ; mais cette tentative ne produisit aucun résultat.

Clemente Paoli, toujours accompagné de Charles Buonaparte, passa de Niolo à Vico ; il voulait engager une dernière lutte. Mais la marche rapide des événements rendit inutiles d'aussi nobles efforts, et Clemente Paoli, ainsi que son illustre frère, furent obligés de fuir une patrie qu'ils avaient voulu soustraire au joug de l'étranger.

Pendant les désastres de ces malheureuses expéditions de Niolo et de Vico, Charles Buonaparte fut constamment suivi par sa jeune et belle compagne. On la vit affronter les dangers de la guerre et partager toutes les fatigues des mécontents, dont les mouvements avaient lieu sur les montagnes les plus sauvages et au milieu de rochers escarpés. Madame Buonaparte ne songeant, comme son mari, qu'à sauver sa patrie de la domination étrangère, préférait supporter des souffrances au-dessus de son sexe et de sa position, à l'asile que le conquérant de l'île lui faisait offrir. C'était un oncle à elle, membre du conseil supérieur nouvellement institué par le général français, qui était l'intermédiaire de ces offres, dont le prétexte était l'état de grossesse avancée de madame Buonaparte.

Au mois de juin, quand, après le départ des deux Paoli, tout espoir fut définitivement perdu pour les patriotes, Charles Buonaparte qui, de Vico, s'était réfugié au petit village d'Appietto, rentra dans sa maison d'Ajaccio, avec sa jeune femme grosse de sept mois.

Le 15 août 1769, jour de la fête de l'Assomption, madame Buonaparte était à la messe, lorsqu'elle fut saisie de douleurs si pressantes, qu'elle se trouva obligée de revenir chez elle en toute hâte; elle ne put atteindre sa chambre à coucher, et déposa son enfant dans l'antichambre, sur un de ces tapis antiques à grandes figures de héros. Cet enfant reçut le nom de Napoléon, en mémoire d'un oncle que Charles Buonaparte avait perdu à Corte, dans sa fuite, l'année précédente.

Au milieu du malaise général et de tous les désordres qui suivent la fin d'une longue guerre civile, et l'établissement d'une domination nouvelle; au sein d'une famille peu riche et qui s'augmentait tous les ans, Napoléon dut recevoir surtout l'éducation de la nécessité. On se figure peu en France, la sévérité de manières de l'intérieur d'une famille italienne. Là, aucun mouvement, aucune parole inutile, souvent un morne silence. Le jeune Napoléon ne fut sans doute entouré d'aucune de ces affectations françaises qui réveillent et cultivent de si bonne heure la vanité de nos enfants et parviennent à en faire des joujoux agréables à six ans et à dix-huit de petits hommes fort plats. Napoléon a dit de lui-même : « Je n'étais qu'un enfant obstiné et curieux. »

Des récits, assez peu authentiques, je l'avoue, nous le représentent, dans sa première enfance, comme un petit être turbulent, adroit, vif, preste à l'extrême. Il avait, dit-il, sur Joseph son frère aîné, un ascendant des plus complets. Celui-ci était battu, mordu ; des plaintes étaient portées à la mère ; la mère grondait, que le pauvre Joseph n'avait pas encore eu le temps d'ouvrir la bouche. Joseph était fort jaloux de la supériorité de son frère et des préférences dont il était l'objet.

Des philosophes ont pensé que le caractère d'un homme lui est donné par sa mère, que ce caractère se forme dès l'âge de deux ans, et qu'il est parfaitement établi à quatre ou cinq. Cela serait vrai surtout des hommes du Midi, au caractère sombre et passionné. Ces êtres-là, dès la première enfance, ont une certaine façon de chercher le bonheur qui, par la suite, s'applique à des choses différentes, mais reste toujours la même.

Quelles circonstances entourèrent le berceau de Napoléon ! Je vois une mère remarquable par un esprit supérieur, non moins que par sa beauté, chargée du soin d'une famille nombreuse. Cette famille, assez pauvre, croît et s'élève au milieu des haines et des agitations violentes, qui durent survivre à trente ans de mécontentement ou de guerre civile. Nous verrons plus tard l'horreur profonde qu'inspire à Napoléon le colonel Buttafoco, qui n'a d'autre tort, pourtant, que d'avoir fait la guerre à Paoli, et suivi le parti contraire à celui des Buonaparte.

Le nom de Paoli retentissait en Corse. Cette petite île vaincue et si orgueilleuse, était toute fière de voir le nom de son héros répété et célébré en Europe. Toute grandeur, toute habileté, fut donc représentée à l'esprit de Napoléon enfant, par ce nom : *Pascal Paoli*. Et, par un hasard étrange, Paoli fut comme le type et l'image de toute la vie future de Napoléon.

Il débute, à vingt-neuf ans, par commander en chef, il a sans cesse à la bouche les noms et les maximes des Plutarque et des Tite-Live, qui sont le catéchisme de Napoléon.

Paoli fait en Corse et en petit, tout ce que Napoléon devra faire parmi nous, lorsqu'il aura succédé au plat gouvernement du Directoire. D'abord la conquête, puis l'organisation. Comme Napoléon conquiert l'indépendance de la France à Marengo, Paoli conquiert les montagnes de Corse sur les Génois ; puis, il y organise l'administration, la justice et tout jusqu'à l'instruction publique.

Longtemps Paoli est autant administrateur et politique que guerrier. Il faut qu'il se tienne en garde contre le poison des Génois, comme Napoléon contre la *machine infernale* des royalistes et le poignard de Georges Cadoudal. Enfin, renversé et arraché à un peuple qui l'aimait, par l'étranger, arrivant avec des forces sans proportion avec les siennes, Paoli doit s'embarquer et chercher un refuge loin de sa patrie.

Tous ces nobles efforts d'un homme supérieur faisaient la conversation habituelle des Corses.

Ainsi, par un bonheur étrange, et que les enfants des rois n'ont point obtenu, rien de mesquin, rien de petitement vaniteux n'agite les êtres qui entourent le berceau de Napoléon.

Supposons-le né en 1769, second fils d'un marquis de Picardie ou de Languedoc, lequel a vingt-cinq mille livres de rente. Qu'entendra-t-il autour de lui ? Des anecdotes de galanterie, des récits mensongers sur l'antiquité de sa race, la *pique* du marquis son père contre un petit gentilhomme voisin qui, sous prétexte qu'il avait reçu trois blessures, a été fait capitaine deux ans avant lui ; mais, en revanche, le marquis, par la protection du prince de Conti, a eu la croix de Saint-Louis trois ans avant l'autre. Le marquis ne tarit pas sur son mépris pour les *gens d'affaires*[1] et surtout pour l'intendant de la province, dont l'équipage l'emporte sur le sien ;

---

1. *Mémoires de Mirabeau*, par M. Lucas de Montigny, tomes I et II. Comparer l'enfance de Mirabeau à celle de Napoléon.

mais, par compensation, il obtient une place d'honneur, comme premier marguillier de la paroisse dans laquelle se trouve l'hôtel de l'intendant, ce qui doit mettre celui-ci au désespoir.

Au lieu de ces misères, Napoléon n'entend parler que de la lutte d'une grande force contre une autre grande force : les gardes nationales d'une petite île de cent quatre-vingt mille habitants, conduites par un jeune homme, élu par elles, osant lutter contre le royaume de France qui, humilié d'abord, et battu, finit par envoyer en Corse vingt-cinq mille hommes et le comte de Vaux, son meilleur général.

Ces choses sont racontées à Napoléon enfant, par une mère qui a fui souvent devant les coups de fusil français ; et, dans cette lutte, toute la gloire est pour le citoyen qui résiste ; le soldat n'est qu'un vil mercenaire qui gagne sa paie.

De nos jours, lorsque tant de personnages se démentent, parce qu'on joue la comédie et que personne n'ose agir franchement et marcher aux jouissances de vanité, les seules réelles au xix° siècle, dans le Nord de la France, peu d'existences ont été aussi pures d'hypocrisie et, selon moi, aussi nobles, que celle de madame Lætitia Buonaparte. Nous l'avons vue dans sa première jeunesse braver de grands périls, par dévouement pour son parti. Plus tard, elle eut à résister à des épreuves plus fortes peut-être, en ce qu'elle n'était pas soutenue par l'état d'excitation et d'enthousiasme général, qui accompagne la guerre civile. Il existe en Corse une loi terrible, assez semblable au fameux *hors la loi*, de la Révolution française. Lorsque cette sorte de *clameur de haro* est proclamée contre une famille, on incendie ses bois, on coupe ses vignes et ses oliviers, on tue ses chèvres, on brûle ses maisons ; la ruine est complète et sans remède, dans un pays pauvre, où il n'existe aucun moyen de remonter à l'aisance. Trois fois, depuis son retour dans l'île, comme général français, et sa révolte en faveur des Anglais, Pascal Paoli menaça de cette redoutable loi madame Buonaparte, veuve, pauvre et sans soutien ; trois fois elle lui fit répondre qu'il n'était au pouvoir d'aucun danger de lui faire abandonner le parti français. Sa fortune fut détruite, des dangers personnels la forcèrent à se sauver à Marseille avec ses jeunes enfants. Elle croyait être accueillie en France comme une martyre du patriotisme ; elle fut méprisée parce qu'elle était pauvre et que ses filles étaient obligées d'aller au marché.

Rien ne put troubler cette âme élevée, pas plus les mépris des Marseillais en 1793, que les honneurs si imprévus de la cour de son fils, sept ans plus tard. Parvenue au dernier terme de la vieillesse, réfugiée chez des ennemis de son nom et de sa patrie, au milieu de la joie que leur inspire la mort de son fils et de son petit-fils, elle supporte ce malheur avec une dignité naturelle et facile, comme jadis les menaces de Paoli. Jamais de plaintes, jamais elle ne tombe dans aucune des misères de vanité, qui tarissent tout enthousiasme pour les princes et princesses, que de nos jours nous avons vu tomber du trône. Cette âme ferme s'est interdit même de nommer ses ennemis et de parler de son fils [1].

La mère de Napoléon fut une femme comparable aux héroïnes de Plutarque, aux Porcia, aux Cornélie, aux madame Rolland. Ce caractère impassible, ferme et ardent, rappelle encore davantage les héroïnes italiennes du moyen âge, que je ne cite point parce qu'elles sont inconnues en France [2].

C'est par le caractère parfaitement italien de madame Lætitia, qu'il faut expliquer celui de son fils.

Suivant moi, on ne trouve d'analogue au caractère de Napoléon que parmi les *condottieri* et les petits princes de l'an 1400, en Italie : les Sforza, les Piccinino, les Castrucio-Castracani, etc., etc. Hommes étranges, non point profonds politiques, dans le sens où on l'entend généralement, mais, au contraire, faisant sans cesse de nouveaux projets, à mesure que leur fortune s'élève, attentifs à saisir les circons-

---

1. Madame Lætitia est morte à Rome, le 1ᵉʳ février 1836, dans le palais de Venise. La police de Grégoire XVI fait siffler son cercueil, dans le court trajet qu'il a à parcourir, pour aller de son palais à l'église de Santa Maria in via lata.

2. *Dictionnaire des femmes célèbres*, du professeur Levati. Milan, 1820.

tances et ne comptant d'une manière absolue que sur eux-mêmes. Ames héroïques, nées dans un siècle où tout le monde cherchait à faire et non pas à écrire, inconnues au monde, *carent quia vate sacro*[1], et expliquées seulement en partie par leur contemporain Machiavel. Il n'entrait pas dans le plan de ce grand écrivain, qui donne un traité de l'*Art d'escamoter la liberté* aux citoyens d'une ville, de parler des excès de passion folle qui, tout à coup, viennent gâter le talent du *Prince*. Il passe sous silence et avec grande sagesse, ces bouffées de sensibilité qui, à l'improviste, font oublier toute raison à ces hommes en apparence calculateurs et impassibles.

Quand la présence continue du danger a été remplacée par les plaisirs de la civilisation moderne[2], leur race a disparu du monde. Alors, comme usage sensible de ce grand changement moral, les villes bâties sur les montagnes par prudence, sont descendues dans les plaines par commodité; et le pouvoir est

1. On ne les retrouve en entier que dans les historiens originaux : Villani, etc. On les entrevoit fort bien dans l'abrégé de Muratori, historien du premier ordre, inconnu en France, comme ses héros. Voir les *Annali d'Italia*. Chaque chapitre de douze pages environ, contient les événements d'une année; de l'an 1er à l'an 1750.

2. De là l'horreur profonde de Napoléon pour les mœurs de la *Régence* fort préférables, suivant moi, à l'hypocrisie moderne. On méprisait en 1737 les gens qui se vendaient; on respectait autre chose que l'argent.

passé du seigneur féodal intrépide, au procureur fripon et au manufacturier patient.

Ce fut donc au milieu des passions et des événements les plus semblables à ceux du xiv° siècle, qu'il ait été donné aux siècles modernes de reproduire, que Napoléon naquit. Ces événements terribles pouvaient écraser un génie médiocre et faire du jeune Corse un plat esclave de la France ; mais tel n'était pas Napoléon.

Dès la première enfance, le sentiment de sa supériorité est nourri dans ce jeune cœur par les égards de sa famille. Pour faire face aux frais de son éducation, la famille se détermine au plus grand sacrifice que puisse faire un Corse : on vend un champ. Et l'on n'a pas même l'idée de faire une semblable dépense pour son frère aîné Joseph, qui en sèche de jalousie.

Charles Bonaparte mourant, avait dit à Joseph : « Tu es l'aîné de la famille, mais souviens-toi que c'est Napoléon qui en est le chef. » Il faut savoir que dans le Midi, pays de haine et d'amour, là où il n'est pas gâté par une demi-civilisation, cette idée de *chef de la famille* a une importance extrême et donne des priviléges et des devoirs, dont il ne reste plus d'idée dans nos contrées du Nord raisonnables et calculatrices.

Arrivé à quatorze ans, au commencement de la jeunesse, le danger le plus pressant pour Napoléon n'est pas de mourir sous le poignard d'un ennemi, il n'y a plus d'*ennemis* en France ; mais le danger de mourir de faim. Avant de songer aux passe-temps de la folle jeunesse, ou à être aimable auprès des dames, il doit songer à ne pas manquer de pain.

Telle fut sa pensée constante à Brienne ; on conçoit dès lors le sérieux de son caractère et son amour pour les mathématiques, moyen certain d'avoir du pain.

Ainsi, ce que dans la première enfance l'admiration pour Paoli avait commencé, ne périt point dans les distractions de la jeunesse, comme il n'arrive que trop souvent.

On commence à voir en Europe que les peuples n'ont jamais que le degré de liberté que leur audace conquiert sur la peur. L'enthousiasme patriotique et la longue révolte de Charles Bonaparte et de ses compagnons forcèrent le gouvernement de Louis XV à donner à ce petit pays ce que les plus belles provinces de France n'avaient plus : des *États provinciaux*.

Soit par l'effet du génie de M. le duc de Choiseul, soit par la force des circonstances, les Français ne persécutèrent point, dans Charles Bonaparte, le patriote qui leur avait résisté jusqu'au dernier moment. Il faut savoir aussi que, suivant l'usage d'Italie, M. le comte de Marbeuf, gouverneur de l'île, faisait la cour à madame Bonaparte.

Par arrêt du conseil supérieur de l'île, du 23 septembre 1771, Charles Bonaparte fut reconnu noble.

Trois ans plus tard, M. le comte de Marbeuf le fait nommer conseiller du roi et assesseur de la ville et province d'Ajaccio.

En 1779, il est député de la province de Corse à la cour, et enfin devient, en 1781, membre du conseil des douze nobles de l'Ile.

A Paris, Charles Bonaparte, député de la Corse, fut utile, à son tour, à M. le comte de Marbeuf. Par des plaintes fâcheuses les députés de la précédente session des États de Corse avaient ébranlé son crédit.

Il y avait alors dans l'île deux généraux français fort divisés entre eux; c'étaient M. de Marbeuf, doux et populaire, et M. de Narbonne-Pellet, haut et violent. Ce dernier, d'une naissance et d'un crédit supérieurs, était dangereux pour son rival; on dit que Charles Bonaparte ainsi que la députation de Corse furent favorables à M. de Marbeuf; le fait est que la cour lui donna raison.

Un M. de Marbeuf, neveu du général, était archevêque de Lyon et ministre de la feuille des bénéfices; le député qui avait été utile à son oncle obtint trois bourses.

Une pour Joseph, son fils aîné, au séminaire d'Autun.

La seconde pour Napoléon, à l'École militaire de Brienne.

Et la troisième pour sa fille, Marie-Anne, à Saint-Cyr.

Le séjour de Charles Bonaparte en France se prolongea jusqu'en 1779. Cinq ans après son retour en Corse, il eut à soutenir deux contestations importantes contre l'administration, et ce qui aggravait sa position, c'est qu'il était mal avec l'intendant.

La première affaire ne fut terminée qu'en 1786, par son fils Joseph, qui obtint gain de cause. Quant à la seconde, il put la terminer lui-même d'une façon également favorable pour sa famille.

En 1785, Charles Bonaparte se rendit à Montpellier pour consulter les médecins de cette Université célèbre sur un cancer d'estomac dont il était attaqué; mais les soins furent impuissants et il mourut à Montpellier le 24 février 1785.

C'était un homme doux et aimable, et qui passait en son pays pour avoir beaucoup d'esprit; il parlait en public avec facilité et avait obtenu des succès en ce genre. Il n'était rien moins que dévot; mais dans sa dernière maladie, il fit appeler un grand nombre de prêtres. C'est ce qu'on voit chez la plupart des Italiens; mais c'est pourtant ce qui n'arriva pas à l'archidiacre Lucien, grand oncle de Napoléon et qui, par la mort de Charles, était resté chef de la famille.

C'était un homme d'église très-régulier, qui ne mourut que longtemps après son neveu et dans un âge fort avancé. Au moment de s'éteindre, il se fâcha vivement contre M. Fesch qui, déjà prêtre, était accouru en étole et en surplis. L'archidiacre le pria fort sérieusement de le laisser mourir en paix et il finit entouré de tous les siens, et leur adressant des conseils pleins de raison.

Quelquefois, dans les moments de retour sur le passé, Napoléon parlait avec attendrissement de ce vieil oncle, qui lui avait servi de père et dont il admirait la haute sagesse. C'était un des hommes les plus considérés de l'île. Son caractère ferme et prudent et sa place d'archidiacre d'Ajaccio, qui était une des premières dignités ecclésiastiques, le faisaient bien venir de tout le monde et lui donnaient une haute influence.

Par son économie furent rétablies les petites affaires de la famille, que les dépenses et le luxe de Charles avaient fort dérangées. L'archidiacre Lucien jouissait surtout d'une grande autorité morale dans sa *pieve* de *Talavo* et dans le bourg de *Boccognano*, où étaient situés les biens de la famille Bonaparte.

La mère de madame Lætitia étant devenue veuve, s'était remariée à un capitaine Fesch, d'un des régiments suisses que les Génois entretenaient dans l'île. De ce second mariage vint M. Fesch [1], aujour-

1. Mort à Rome, le 13 mai 1839.

d'hui cardinal, qui se trouva ainsi demi-frère de madame Bonaparte et oncle de Napoléon. C'est dans ses bras que madame Bonaparte est morte à Rome en 1836.

Madame Bonaparte a eu treize enfants ; cinq garçons seulement et trois filles ont vécu.

Joseph, l'aîné de tous, qu'on voulait faire entrer dans les ordres, afin de tirer parti de la protection de M. de Marbeuf, ministre de la feuille des bénéfices, fit ses études en conséquence ; mais le moment de s'engager étant venu, il se refusa absolument à prendre le petit collet. On l'a vu successivement roi de Naples et d'Espagne, et fort supérieur, sous tous les rapports, aux rois ses contemporains. L'Espagne lui préféra le monstre nommé Ferdinand VII. J'admire le sentiment de fol honneur qui enflamma les braves Espagnols ; mais quelle différence pour leur bonheur si, depuis 1808, ils avaient été gouvernés par le sage Joseph et par sa constitution !

Louis, homme de conscience, a été colonel de dragons et roi de Hollande ; Jérôme fut roi de Westphalie ; Élisa grande duchesse de Toscane ; Caroline reine de Naples.

Pauline, princesse Borghèse, a été la plus belle femme de son siècle. Lucien, député, ministre de l'intérieur, ambassadeur en Portugal, n'a pas voulu être roi et a fini par être prince romain.

Lucien, disait Napoléon, eut une jeunesse orageuse; dès l'âge de quinze ans il fut amené en France par M. de Sémonville, qui en fit de bonne heure un révolutionnaire zélé et un clubiste ardent. On dit qu'il publia quelques pamphlets jacobins, sous le nom de Brutus Bonaparte. Tout ce jacobinisme ne l'empêcha pas, au 18 Brumaire, de trahir sa patrie, au profit de son frère.

Il eût été beaucoup plus heureux pour Napoléon de n'avoir point de famille.

Le caractère de Napoléon a été fortifié à l'École militaire de Brienne, par cette grande épreuve des âmes orgueilleuses, ardentes et timides: le contact avec des étrangers ennemis.

Napoléon fut amené à Brienne en 1779, à l'âge de six ans; à cette époque l'établissement était dirigé par des moines minimes. Voici quelques anecdotes d'un assez mince intérêt. Napoléon prononçait son nom avec l'accent corse, beaucoup plus français qu'italien ; ce nom qui, dans sa bouche, était à peu près *Napoillione* lui valut de la part de ses camarades le sobriquet fâcheux de *La-paille-au-nez.*

Un jour, le maître de quartier qui n'était pas homme à deviner la sensibilité vive et profonde de cet élève étranger, le condamna à porter l'habit de bure et à dîner à genoux à la porte du réfectoire. Ce traitement n'eût été qu'un désagrément passager pour un enfant ordinaire; mais qu'on juge de ce qu'il dut paraître au jeune insulaire qui, à ses yeux, était forcé par la pauvreté de vivre au milieu des oppresseurs de son pays. Le moment de l'exécution fut celui d'un vomissement subit et d'une violente attaque de nerfs ; le supérieur qui passait par hasard, l'arracha à un supplice trop fort pour son organisation toute d'orgueil. Le père Patrault, son professeur de mathématiques, accourut de son côté, se plaignant que, sans nul égard, on dégradât ainsi son premier mathématicien.

Le caractère de Napoléon décidé, sombre, jamais distrait par aucun enfantillage, excita d'abord la haine de tous les petits Français, ses camarades d'école, qui considéraient sa résolution imperturbable, comme une prétention hostile à leur vanité. Napoléon, pauvre et de petite taille, croyant de plus sa patrie opprimée par les Français, fuyait toute société ; il s'était arrangé une sorte de cabane en verdure où, dans les heures de récréation, il se retirait pour lire. Un jour, ses camarades entreprirent d'envahir cette retraite, il se défendit en héros ; c'est-à-dire, en Corse.

Le caractère français, peu rancunier et qui ne cherche qu'à s'amuser, brilla de tout son éclat en cette circonstance ; on passa, pour le jeune étranger, de l'envie à l'admiration et il devint un des chefs de meute du collége.

L'hiver suivant, il tomba beaucoup de neige ;

on eut l'idée de construire une place fortifiée. Napoléon fut d'abord l'ingénieur en chef, qui dirigeait l'édification des remparts et quand il fut question de les attaquer, il devint le général des assaillants; mais des graviers se mêlèrent aux boules de neige, projectiles des deux armées; plusieurs élèves furent blessés, et les professeurs firent cesser le jeu.

Nous nous garderons bien de tirer de graves conséquences de ces petits faits, d'ailleurs fort peu prouvés; nous sommes persuadé que des choses semblables arrivent tous les jours à beaucoup d'écoliers, qui deviennent des hommes fort insignifiants.

II

Napoléon, à vingt-un ou vingt-deux ans, devait être fort différent de ce que à Paris on appelle un jeune homme aimable, et son bonheur fut grand d'être goûté par madame du Colombier. Probablement, ses succès à Paris eussent été moins rapides; on va en juger: Il pensait avec force; il avait la *logique la plus serrée*. Il avait immensément lu et a, peut-être, perdu depuis, dit-il. Son esprit était vif et prompt, sa parole énergique. A Valence il fut aussitôt remarqué, il plut aux femmes par des idées neuves et fières, par des raisonnements audacieux. Les hommes redoutaient sa logique et les discussions auxquelles la connaissance de sa propre force l'entraînaient facilement.

Un officier fort distingué, mais homme de l'ancien régime et parfaitement aimable, nous disait un jour à Berlin que franchement rien ne l'avait tant étonné que de voir M. Bonaparte gagner des batailles. D'abord, il avait cru que c'était un autre officier du même nom, un frère de Napoléon. D'après les relations qu'il avait eues avec celui-ci, à Valence et plus tard à Auxonne, il ne lui était resté d'autre idée que celle d'un jeune bavard, s'enfournant à tout propos dans des discussions interminables et voulant, sans cesse, tout réformer dans l'État. « Des hâbleurs de cette sorte, j'en ai connu vingt depuis que je suis au service, ajoutait l'officier. » Quant à sa tournure et à sa figure, la tournure était dépourvue de grâce et d'aisance, et pour la figure, sans son extrême singularité, il eût passé pour laid ; mais il était sauvé par le suffrage des dames. « Je crois, disait l'officier de Berlin, qu'elles étaient fascinées par son regard sombre et fixe, à l'italienne ; elles s'imaginaient, sans doute, que c'était là le regard de la grande passion. »

Ce fut pendant son séjour à Valence, que Napoléon remporta un prix à l'académie de Lyon, sur cette question proposée par l'abbé Raynal, alors célèbre : « *Quels sont les principes et les institutions à donner aux* » *hommes pour les rendre le plus heureux possible ?* » Le mémoire fut remarqué ; mais le jeune officier craignant les quolibets de ses camarades, avait jugé prudent de garder l'anonyme. Ce mémoire était, du reste, tout à fait dans le style et dans les principes du temps : des idées généreuses et romanesques y étaient mêlées à une critique incomplète et partiale de ce qui existait. L'auteur commençait par se demander : en quoi consiste le bonheur ? C'est de jouir complétement de la vie, répondait-il; c'est d'en jouir de la manière la plus conforme à notre organisation morale et physique. Napoléon devenu empereur, jeta au feu ce mémoire, retrouvé par les soins de M. de Talleyrand.

Le jeune officier d'artillerie avait pu traiter d'une façon piquante par son originalité une question dont s'est beaucoup occupée la philosophie antique, la seule qu'il eût entrevue. Mais, par malheur pour lui comme pour la France, son éducation était restée fort incomplète. Excepté les mathématiques, l'artillerie, l'art militaire et Plutarque, Napoléon ne savait rien. Il ignorait la plupart des grandes vérités découvertes depuis cent ans, précisément sur cet art de rendre les hommes plus heureux, dont il venait de s'occuper.

Sa supériorité gisait tout entière dans la faculté de trouver des idées nouvelles, avec une promptitude incroyable, de les juger avec une raison parfaite et de les mettre à exécution avec une force de volonté qui n'eut jamais d'égale.

Par malheur, cette force de volonté pouvait être éclipsée par un mouvement de sensibilité.

C'est ainsi que sur les montagnes de Bohême le......

1813, il ne voulut pas donner bataille. Quelque pressentiment intérieur, ou quelque présage arrêtèrent ce grand homme, et l'emportèrent malheureusement sur la nécessité de donner bataille, pour bien finir la campagne et sur l'apparence évidente des chances les plus heureuses.

Sans doute, Napoléon à Valence, à Auxonne et ailleurs, avait beaucoup lu. Mais dans cette âme ardente et rêvant sans cesse à l'avenir, les livres les plus graves ne produisaient d'autre effet que celui que font les romans sur les âmes vulgaires. Ces livres réveillaient ou excitaient des sentiments passionnés; mais laissaient-ils de grandes vérités parfaitement démontrées et servant de base, désormais, pour la conduite de la vie?

Napoléon, par exemple, n'avait pas lu Montesquieu, comme il faut le lire; c'est-à-dire, de façon à accepter ou à rejeter nettement chacun des trente et un livres de l'*Esprit des lois*. Il n'avait pas lu ainsi le *Dictionnaire* de Bayle, ou l'*Esprit* d'Helvétius.

Je ne voudrais pas anticiper sur des choses qui, plus tard, seront racontées; mais pour présenter ma pensée avec la netteté convenable, je suis forcé d'ajouter quelques exemples.

Bien des années après, pendant les discussions du *Code civil* au conseil d'État, on voyait ce puissant génie deviner, en courant, toutes les conséquences des vérités que MM. Threillard ou Boulay (de la Meurthe), énonçaient devant lui, mais ces vérités, elles étaient nouvelles pour lui, et elles n'étaient nouvelles pour aucun des quarante conseillers d'État ou maîtres des requêtes, qui assistaient à la séance. Il est vrai aussi qu'avec une rapidité inimaginable à qui n'en a pas été témoin, il arrivait à des conséquences d'une haute justesse, et que ni Threillard, ni Boulay n'auraient jamais entrevues. Il est vrai aussi, qu'arrivant tard dans la science et avec tout le bon sens d'un homme fait, il ne se laissait point prendre aux petits préjugés qui gâtent encore les sciences les mieux faites. C'est ce qu'on voit bien dans la discussion sur le divorce et dans celle sur les testaments [1]. A leur tour, Threillard et Boulay étaient effrayés de ces éclairs de génie si nouveaux, et Napoléon les défendait contre eux-mêmes.

On ne s'apercevait point de cette ignorance de l'Empereur dans sa conversation ordinaire. D'abord il dirigeait cette conversation et ensuite, avec une adresse tout italienne, jamais une question ou une supposition étourdie ne venait trahir cette ignorance [2].

1. Voir Locré qui délaye et aplatit sans cesse les dires de l'Empereur; voir Thibaudeau.
2. Cette adresse se retrouve admirablement dans la conversation des Sauvages, toujours attentifs à l'opinion qu'ils peuvent donner d'eux-mêmes.

On peut donc dire qu'on fait de *science du gouvernement*, celle qui, par la suite, eût été la plus indispensable à Napoléon, l'éducation de ce grand homme était nulle. En fait de gouvernement, il ne comprenait que celui d'un général qui fait agir ses troupes :

Par enthousiasme pour la patrie,

Par point d'honneur,

Par crainte du châtiment,

Par amour-propre ou intérêt de vanité,

Par intérêt d'argent.

On voit que, parmi ces *motifs d'action*, aucun n'a sa source dans les habitudes de croire ou d'agir de celui qui obéit, ni dans l'opinion qu'il peut avoir de la légitimité des ordres de celui qui commande.

En un mot, Napoléon sut se faire obéir comme général, mais il ne sut pas commander en roi, et j'attribue l'imperfection de son génie en ce point uniquement à l'absence totale d'éducation première.

Lorsque Napoléon eut besoin d'idées sages sur le gouvernement de la France, il fut obligé de les inventer. Mais, par un premier malheur, il avait une répugnance personnelle pour l'école libérale et, par un second, il eut souvent besoin d'expérience personnelle pour voir les vérités les plus fondamentales et découvertes trente ans avant lui [1].

1. Par Delolme, Montesquieu, Beccaria, et lues en 1837

La conspiration de Mallet, en octobre 1813, lui fit voir, peut-être pour la première fois que, tout en croyant faire de la *monarchie* au profit de la France et de son fils, il n'avait fait que du *pouvoir*. Il ne comprit jamais peut-être, qu'au moral comme au physique, on ne s'appuie que sur ce qui résiste et que tant qu'un corps politique ne résiste pas dans l'occasion, il n'existe point en effet. Ainsi, il vit avec un étonnement naïf, que le Sénat n'existait point, que l'archi-chancelier Cambacérès n'existait point, etc., etc. Rien ne fut singulier, à son retour de Russie après Mallet, comme son étonnement de ce que le Sénat n'avait rien fait, sur ce que des hommes sages, comme M. Frochot, préfet de la Seine, n'avaient rien fait, sur ce que tous les regards ne s'étaient pas dirigés à l'instant vers le roi de Rome, etc.

J'ose dire qu'il y avait vingt mille officiers dans son armée au-dessus de cette illusion puérile : que, ce cas échéant, on songerait au roi de Rome.

Quoi qu'il en ait dit, quelquefois, lorsque son imagination se livrait à un de ses plaisirs de prédilection, celui de s'égarer dans le roman de l'avenir[1], il se faisait une illusion complète sur le rôle du futur

dans Bentham. En 1809, à Landshut, un ministre gronda un auditeur parce qu'il lisait Delolme.

1. Conversation avec le comte Daru au Kremlin, en septembre 1812.

roi de Rome. Comme il se voyait supérieur à tout ce qui avait existé depuis bien des siècles, comme il sentait qu'il aimait vraiment la France et d'un amour que les âmes vulgaires des rois, ses prédécesseurs, n'avaient jamais pu éprouver, il se figurait que les règles immuables provenant de la nature du cœur humain, cesseraient d'avoir leur effet, lorsqu'après sa mort, le roi de Rome, son fils, n'aurait de ressource que dans la force de son titre ou dans celle de son génie.

Il n'entrevit jamais que cet enfant, mal élevé par des êtres élégants et plats, comme tous les princes nuls, ne trouvant point dans le cœur des Français l'antique habitude d'obéir à sa race, ne serait qu'une *griffe*, entre les mains de quelques généraux entreprenants.

Napoléon ne vit point que, pour donner de l'autorité au roi de Rome, privé de son père, il fallait se dessaisir, de son vivant, d'une partie de son pouvoir, et souffrir que des corps politiques se formassent.

Mais il aimait le pouvoir, parce qu'il en usait bien et qu'il aimait le bien opéré rapidement ; toute discussion ou délibération retardante lui semblait un mal.

Faute d'instruction, il ne vit jamais l'exemple de Charlemagne, autre grand homme, auquel rien ne survécut, et il ne connut Charlemagne que par les pauvretés académiques de M. de Fontanes[1].

Faute d'avoir lu même l'histoire du dernier siècle, celle de Richelieu et de Louis XIV, il ne vit pas qu'avant la Révolution, un roi ne régnait en France que parce qu'il pouvait s'appuyer sur la noblesse et les parlements et surtout sur l'ancienne habitude qu'avaient les Français de ne jamais douter de la légitimité de son autorité.

Ne pouvant créer une ancienne habitude en peu d'années, il ne vit pas que depuis la Révolution de 1789, un prince qui ne s'appuie pas sur une Chambre, ne garde le pouvoir que par la peur qu'inspire son armée, ou par l'admiration qu'on a pour son génie.

En un mot, comme par un défaut déplorable de son éducation première, l'histoire n'existait pas pour lui ; il ne connut que les faits qu'il avait vus s'accomplir et encore il les voyait à travers sa peur des Jacobins, et son amour, sa faiblesse, pour le faubourg Saint-Germain.

Il m'a fallu tous ces faits, relatifs à Napoléon empereur, pour faire voir ce qu'était l'éducation si vantée de Napoléon, lieutenant d'artillerie. Il ne savait ni l'orthographe, ni le latin, ni l'histoire. Tout était affaibli et étiolé, en 1785, dans le déclin final de la monarchie de Louis XIV; tout, jusqu'à l'ins-

---

1. Président du Corps législatif et grand maître de l'Université, ami d'Élisa Bonaparte.

truction publique. En ce sens limité, on peut dire que le renvoi des jésuites avait été un mal; dans un temps de faiblesse, tout changement est un mal.

Il fallut quitter Valence et l'aimable salon de madame du Colombier, pour aller tenir garnison à Auxonne. Avant de s'y rendre, Napoléon fit une sorte de voyage sentimental en Bourgogne avec M. Desmazys.

Ce fut à Auxonne que, pour la première fois, Napoléon se donna le plaisir de faire imprimer un ouvrage de sa composition. C'est la *Lettre de M. Buonaparte à M. Matteo Buttafoco.*

M. Joly, imprimeur à Dôle, raconte que cette brochure sortit de ses presses en 1790; Napoléon avait alors vingt-un ans, il était lieutenant au régiment de La Fère, en garnison à Auxonne. Il vint trouver M. Joly à Dôle, avec son frère Louis Bonaparte, auquel, dans ce temps-là, il enseignait les mathématiques. L'ouvrage fut imprimé à ses frais, au nombre de cent exemplaires qu'il fit passer en Corse, où il porta un coup terrible à la popularité de M. Buttafoco. C'est un pamphlet satirique, absolument dans le goût de Plutarque. La donnée en est à la fois ingénieuse et forte. On dirait un pamphlet écrit en 1630 et en Hollande.

Napoléon revoyait lui-même les dernières épreuves. Il partait d'Auxonne à quatre heures du matin, arrivait à pied à Dôle; après avoir vu les épreuves, il prenait chez M. Joly un déjeuner extrêmement frugal et rentrait avant midi, à sa garnison, après avoir fait huit lieues.

Bonaparte avait composé un ouvrage qui aurait pu former deux volumes, sur l'histoire politique, civile et militaire de la Corse. Il engagea M. Joly à venir le voir à Auxonne, pour traiter de l'impression. M. Joly s'y rendit en effet et trouva le jeune officier logé de la manière la plus exiguë ; Bonaparte occupait au pavillon une chambre presque nue, laquelle avait pour tous meubles un lit sans rideaux, deux chaises et une table placée dans l'embrasure d'une fenêtre, laquelle était chargée de livres et de papiers. Son frère Louis couchait par terre, sur un matelas, dans un cabinet voisin. On fut d'accord sur le prix de l'impression de l'*Histoire de Corse* ; mais l'auteur attendait, d'un moment à l'autre, une décision qui devait lui faire quitter la garnison d'Auxonne, ou l'y fixer pour longtemps. Cet ordre arriva quelques jours après ; le jeune Bonaparte partit et l'ouvrage ne fut pas imprimé.

M. Joly raconte qu'on avait confié au jeune officier le dépôt des ornements d'église, provenant de l'aumônier du régiment, qui venait d'être supprimé. *Si vous n'avez pas entendu la messe*, dit-il à M. Joly, *je puis vous la dire*. Du reste, il parla des cérémonies de la religion avec beaucoup de décence.

Trois ans après, en 1793, Bonaparte, capitaine

depuis dix-huit mois, passait à Beaucaire ; il s'y trouva à souper dans une auberge, le 29 juillet, avec plusieurs négociants de Montpellier, de Nîmes et de Marseille. Une discussion s'engagea sur la situation politique de la France : chacun des convives avait une opinion différente.

De retour à Avignon, Bonaparte fit une brochure qu'il intitula : *le Souper de Beaucaire* ; il la fit imprimer chez Sabin Tournal, rédacteur et imprimeur du *Courrier d'Avignon*. L'ouvrage ne fit alors aucune sensation ; mais lorsque Bonaparte devint général en chef, un M. Loubet qui en avait conservé un exemplaire, y attacha quelque prix parce que cet exemplaire était signé de la main de l'auteur. Cet opuscule a été réimprimé chez Pankouke [1].

Nous placerons dans l'appendice quelques pages de chacune de ces deux brochures. Le style est lourd, les tournures de phrase sont quelquefois irrégulières ; on y trouve des *italianismes* ; mais on ne peut s'empêcher d'entrevoir chez l'auteur un caractère singulier.

Je serais tenté d'admettre que la société des femmes avait donné quelque apparence de légèreté au caractère sombre et réfléchi du jeune officier corse. On surprend quelques teintes de galanterie et de gaîté jusqu'aux temps difficiles du comman-

---

1. *Œuvres de Napoléon Bonaparte*, 4 vol. in-8º. T. Iᵉʳ, 1821.

dement de l'armée d'Italie, après lesquels on n'aperçoit plus qu'une gravité pensive. Napoléon se devait alors d'être un homme à part.

Pendant ces jeux d'enfant, la révolution se faisait. Il y eut beaucoup d'émigrés dans l'artillerie ; car le parti aristocrate attachait une grande importance à faire passer le Rhin aux officiers de cette arme. C'était le temps où la noblesse s'imaginait que le peuple français, abandonné par les officiers, ne saurait pas faire la guerre tout seul.

Les émigrés se réunirent à Coblentz. Ils étaient si fous et depuis ils ont été si aimables dans leur façon de montrer aux étrangers comment un Français sait supporter le malheur, que nous n'avons plus la force de nous indigner de leurs projets de cette époque ; ils étaient atroces pourtant ; c'était cent fois pis que les fusillades de Ney, des frères Faucher, ou du colonel Caron[1].

Ce fut au moment où les gentilshommes émigrés se réunissaient à Coblentz, que commença la fameuse coalition qui a fini par entrer à Paris, en mars 1814[2].

L'origine de cette ligue célèbre est encore assez

1. Voir les *Mémoires* publiés, sous la Restauration, par MM. Fauche-Borel, Bertrand de Molleville, et tant d'autres.
2. Mais elle a eu la gaucherie de ne pas placer sur le trône Napoléon II, qui eût empêché la naissance de la liberté de la presse, qui blesse les rois au cœur.

obscure; elle n'est devenue sérieuse qu'à mesure de la peur que les folies du peuple français faisaient aux rois. On peut, si l'on veut, voir les premiers moments de la coalition dans les conférences qu'eut à Mantoue l'empereur Léopold avec le comte d'Artois, depuis Charles X. D'abord, la fierté du jeune prince ne consentait à demander du secours qu'aux rois qui avaient l'honneur de tenir à sa maison par les liens du sang, les rois d'Espagne et de Sardaigne et l'empereur d'Autriche.

Léopold proposa un congrès à l'assemblée nationale, laquelle ne répondit qu'en déclarant traître à la patrie tout Français qui s'abaisserait jusqu'à discuter les lois de son pays avec un congrès d'étrangers. On avait alors l'exemple récent de la Pologne.

Autrefois Louis XV avait fourni à Gustave III, roi de Suède, quelques secours pour détruire la constitution de son pays et se faire roi absolu. La délicatesse toute monarchique des émigrés pensa qu'il appartenait à ce prince de rendre à son tour un service semblable à Louis XVI.

Mais Gustave fut assassiné, et Frédéric-Guillaume roi de Prusse fut placé, on ne sait trop pourquoi, à la tête de la ligue anti-française. L'Angleterre et la Russie approuvèrent fort cet arrangement; la première par haine pour la France, qui venait de l'offenser en Amérique; la seconde pour des intérêts plus directs. Au moment où des cris de liberté éclatèrent dans ce Paris, qui devenait la capitale du monde et firent peur aux rois de l'Europe, la Prusse et la Suède venaient d'armer contre la Russie. Leur but était de sauver la Turquie, alors envahie par les forces combinées de Joseph II et de Catherine.

L'habile Catherine fut enchantée de la peur des rois du midi, qui allait lui livrer les restes de la Pologne.

Les armées françaises se laissent trahir et se font battre (avril 1792), par une poignée d'Allemands, sous les ordres de ce Beaulieu qui devait être, quatre ans plus tard, le premier général vaincu par Napoléon.

Trois mois après cette première défaite, les ministres de Louis XVI sont d'accord avec le duc de Brunswick qui, parti de Coblentz, pénètre en Champagne à la tête de soixante mille Prussiens et de dix mille émigrés. Son fameux manifeste, puni après la bataille d'Iéna, menace de mettre tout à feu et à sang en France. M. Bertrand de Molleville, à cette époque ministre de la marine et confident de Louis XVI, s'est fait gloire de son intelligence avec le duc de Brunswick, général en chef ennemi [1].

---

1. Voir l'histoire de tout ce qui est antérieur au siége de Toulon, dans la collection de MM. Roux et Buchez, 30 volumes; ou dans l'histoire qui sera extraite de ces matériaux.

Le peuple répond à cette trahison par le 10 août : le trône est renversé.

Bientôt le défilé de l'Argonne voit la première victoire du peuple français. Alors commence ce grand drame qui, à nos yeux du moins, finit à Waterloo.

Il y avait bien des siècles qu'on n'avait vu une grande nation se battre, non pour changer de roi, mais pour sa liberté, et ce qui augmente la sublimité du spectacle, c'est que l'enthousiasme des Français ne fut aidé ni par la religion ni par l'aristocratie.

La partie la plus héroïque de ce drame, celle qui exigea le génie de Danton et en même temps le sacrifice de tant de têtes innocentes, touchait à sa fin lorsque, en 1793, époque du siège de Toulon, Napoléon entre en scène.

Depuis longtemps la diplomatie anglaise s'était mise à la tête de la coalition; elle faisait marcher, à peu près à son gré, toutes les puissances de l'Europe et soudoyait beaucoup de traîtres dans l'intérieur de la France.

A tant d'habileté la Convention opposait sa redoutable énergie; elle faisait un appel sérieux à tous les cœurs généreux.

Il fut un moment où la situation de la France sembla désespérée. Des Alpes aux Pyrénées, du Rhin à l'Océan, du Rhône aux rives de la Loire, le drapeau tricolore recule.

La Vendée est en feu, et soixante mille royalistes

peuvent marcher sur Paris. Bordeaux, Lyon, Marseille et Caen, se soulèvent contre la Convention.

Partout inférieures en nombre et désorganisées, les armées républicaines sans chefs capables, attendent le coup qui doit les anéantir.

Toutes les combinaisons de la prévoyance humaine semblent annoncer une chute horrible et prochaine; la civilisation va reculer en Europe.

Mais les Montagnards éloignent les Girondins, et redoublent d'énergie. Carnot, Prieur, Dubois-Crancé, dirigent les mouvements militaires; Danton fait décréter que tout soldat quittant les drapeaux sera puni de mort. Valenciennes et les places fortes donnent à l'audace de Danton le temps d'électriser la France.

Ce moment est le plus beau de l'histoire moderne.

Le 23 août 1793, la Convention décrète la levée en masse des Français; cinq jours après elle décrète la suspension de la Constitution et l'établissement de la *Dictature* nommée *Gouvernement révolutionnaire*. Et, ce qui est singulier, cette Dictature n'est pas exercée par un seul homme, mais par ce qu'il y a de plus énergique dans tous.

A peine ce décret est-il rendu que se répand la fatale nouvelle de l'entrée des Anglais et des Espagnols dans Toulon. Napoléon va paraître.

Barrère fait décréter l'établissement de douze

tribunaux révolutionnaires demandés par la *Commune de Paris,* pour juger les traîtres. Un million d'hommes se précipite sur les coalisés et enfin réussit à les repousser de toutes parts. Les soldats aiment la patrie, les officiers sont poussés par l'honneur et par les sentiments les plus divers ; plusieurs sont d'anciens nobles.

Il serait absurde de demander de la circonspection et de la modération à un homme fou de colère et qui cherche à sauver sa vie, en se débattant sous les coups redoublés de vingt ennemis. Voilà pourtant ce qu'oublient les petits écrivains modernes, nés dans une époque d'hypocrisie et de tranquillité, et qui cherchent à se faire une petite fortune.

Au commencement de cette grande guerre de la Révolution, par l'effet de la levée de nouveaux corps, et des vacances que l'émigration occasionnait dans les anciens régiments, l'avancement allait fort vite. Napoléon, capitaine le 6 février 1792, partit pour la Corse au commencement de 1793 ; il venait de faire imprimer à Avignon le *Souper de Beaucaire,* et avait accepté le commandement d'un bataillon de garde nationale corse, qu'on voulait employer à une expédition contre la Sardaigne.

Le 12 février 1793, l'amiral Truguet mouilla devant Cagliari, capitale de l'île, mais l'expédition de Sardaigne étant annoncée depuis six mois, on reçoit les Français à coups de fusil ; ils font faute sur faute; ils manquent de bravoure; ils perdent un vaisseau et enfin sont obligés de rentrer à Toulon. Cette expédition est une des plus ridicules qu'ait tentées la République.

A cette époque, Pascal Paoli commandait en Corse; il avait été fait lieutenant-général par Louis XVI et envoyé en Corse. Là, il trahit le pays auquel il avait juré fidélité de la manière la plus emphatique, et travailla en faveur des Anglais. Ce fut probablement alors que voyant le jeune Bonaparte organiser son bataillon, il dit ce mot célèbre en Corse :

« Ce jeune homme est taillé à l'antique; c'est un » homme de Plutarque. »

La révolution tentée par Paoli l'avait d'abord intéressé par la grandeur du spectacle et à cause de l'influence qu'elle pouvait exercer sur son sort. Un des grands avantages de cette tête, c'est qu'elle était vide de toute puérilité. Un homme de vingt-quatre ans devine deux cents choses par an; Napoléon n'en devinait qu'une : *l'amour de la gloire !*

En avançant en âge et revoyant la Corse, Napoléon avait enfin jugé sainement des rapports de ce pays avec la France. Il ne lui reste, de quinze années de haine passionnée, que l'usage de la réflexion profonde et l'habitude de ne point se livrer aux hommes au milieu desquels il est jeté.

Au retour de cette expédition, où Napoléon avait

pu voir l'exemple de tous les ridicules militaires, il rentra dans l'artillerie, mais avec le grade de chef de bataillon. Il avait trouvé en Corse sa famille ruinée, il revenait en France avec son grade pour toute fortune, et il avait vingt-quatre ans.

Que se passait-il alors dans cette âme ardente? J'y vois :

1° La conscience de ses propres forces ;

2° L'habitude d'être incapable de distraction ;

3° La facilité d'être profondément ému par un mot touchant, par un présage, par une sensation ;

4° La haine de l'étranger.

Napoléon qui vient de voir sa famille dans la misère, sent plus que jamais la nécessité de faire fortune, soit en France, soit dans l'Orient.

En rentrant à Paris, chef de bataillon d'artillerie et regardant autour de lui, Napoléon vit une assemblée furibonde, chargée de la conduite d'une grande guerre et demandant des talents partout. Il peut donc se dire : Et moi aussi je vais commander! mais la carrière militaire conduit maintenant à des périls hideux. Dans sa certitude d'être environnée de traîtres, dans son impuissance de juger le fond des choses, la Convention nationale envoie à l'échafaud tout général qui se laisse battre, ou qui ne remporte pas une victoire complète.

Tout à coup la nouvelle se répand que Toulon vient d'être livré aux Anglais (septembre 1793). Napoléon arrivant de Marseille et connaissant le Midi, est envoyé à l'armée devant la place, pour commander l'artillerie.

Par bonheur pour la République, les coalisés ne sentirent pas l'importance de la conquête de Toulon. Ils ne virent qu'une place forte à défendre, tandis que sa possession pouvait exercer une influence immense sur la conduite générale de la guerre; ce n'était rien moins qu'une base d'opérations, pour une armée ennemie, agissant dans le Midi de la France.

Ce fut un des bonheurs de la liberté que la malhabileté des coalisés à conduire, dans une vue d'ensemble, leurs forces d'ailleurs si considérables. En d'autres termes, à l'exception de William Pitt, aucun homme supérieur ne parut parmi eux.

La France qui cherchait des hommes dans toutes les classes de la société, trouva des génies dans des positions qui, d'ordinaire, ne fournissent que des avocats ou des officiers subalternes. Si Louis XVI eût continué à régner, Danton et Moreau eussent été des avocats; Pichegru, Masséna et Augereau, des sous-officiers; Desaix, Kléber, des capitaines; Bonaparte, Carnot, des lieutenants-colonels ou colonels d'artillerie; Lannes et Murat, des marchands chapeliers ou des maîtres de poste. Siéyès eût été grand-vicaire et Mirabeau, tout au plus, un négociateur subalterne, un chevalier d'Éon.

A la fin d'août 1793, lorsque les hommes de l'ancien régime, qui commandaient à Toulon, prirent le parti de livrer la flotte et la ville aux coalisés, Lyon avait arboré le drapeau blanc; la guerre civile était mal éteinte en Languedoc et en Provence; l'armée espagnole victorieuse avait passé les Pyrénées et inondait le Roussillon. De son côté, l'armée piémontaise avait franchi les Alpes, elle était aux portes de Chambéry, qui n'est qu'à trois journées de Lyon.

Si trente mille Anglais, Sardes, Espagnols, Napolitains, se fussent réunis, dans Toulon, aux douze mille fédérés, cette armée de quarante mille hommes, ayant une base aussi importante, eût pu fort bien remonter le Rhône et arriver jusqu'à Lyon. Alors elle se fût liée par sa droite à l'armée piémontaise et par sa gauche à l'armée espagnole.

Mais on peut dire qu'à cette époque, ces idées de grande guerre, que les campagnes de la Révolution ont fait naître parmi nous, eussent passé pour chimériques, aux yeux des vieux officiers qui dirigeaient les armées de la coalition. Les plus instruits ne connaissaient que les guerres de Frédéric II, pendant lesquelles les opérations d'un corps d'armée dépendaient toujours des mouvements possibles de la *boulangerie*. Aucun d'eux, par bonheur pour la France, n'avait la moindre lueur de son génie, et le hasard presque tout seul, décida des batailles.

Comme le but de cet écrit est de faire connaître

Napoléon, et non de raconter les événements de sa vie en style académique, je prends le parti d'insérer ici le récit du siége de Toulon tel que ce grand homme l'a donné. J'en userai de même pour la campagne d'Italie, qui eut lieu du 10 avril 1796 au 12 mai 1797.

C'est-à-dire qu'après avoir raconté les batailles d'une manière succincte, je transcrirai les longs récits dictés par Napoléon à Sainte-Hélène. Ainsi, un quart à peu près des deux premiers volumes sera copié dans les œuvres de Napoléon.

Rien n'eût été plus facile que de profiter de ces récits, en les abrégeant; on eût évité une critique facile à faire. Il fallait, dit-on, tirer parti des récits de Napoléon, comme Rollin tire parti de Tite-Live, dans son Histoire romaine. Cette façon d'agir m'eût semblé un sacrilége. Selon moi, une histoire de Napoléon qui ne placerait pas sous les yeux du lecteur les récits de la campagne d'Italie, tels que ce grand homme les a laissés, ne pourrait prétendre à faire connaître son caractère, sa manière d'envisager le malheur, sa façon de voir les hommes et les choses.

Il en fut tout autrement de 1800 à 1814. Alors Napoléon voulait se faire ou se maintenir empereur et il se trouva dans la dure nécessité de mentir constamment. Je ne prendrai pas vingt pages des récits de cette seconde époque.

Un autre motif m'a porté à transcrire les récits que Napoléon a donnés de ses principales batailles. J'ai considéré que le lecteur qui ne connaît Napoléon que par la plupart des histoires de ce grand homme, publiées jusqu'ici, est obligé d'admirer sur parole son talent pour la guerre.

Or, j'ai cru voir qu'il n'était pas impossible de *raconter* ses batailles et de les faire comprendre même au lecteur non militaire. Avant 1790, un récit de ce genre eût été impossible ; le style français n'admettait alors pour les batailles que les phrases élégantes de l'abbé de Vertot, ou la manière puérile de Voltaire.

Aujourd'hui, je crois voir que la grande difficulté dans les lettres consiste à avoir une idée nette. Quand il a ce bonheur et qu'il veut bien renoncer à la gloire du style emphatique, un écrivain peut se tenir assuré d'être suivi par le lecteur. Or, rien n'est plus facile que de se faire une idée nette de Rivoli.

J'ose espérer qu'avec le secours d'une carte d'Italie de dix francs, tout lecteur comprendra les batailles de Castiglione, d'Arcole et de Rivoli, qui empêchèrent les Autrichiens de secourir Mantoue et qui forment comme le fond de la campagne d'Italie.

J'ai longtemps hésité à transcrire le long récit du siége de Toulon : ce siége pouvait fort bien s'expliquer en six pages ; mais :

1° Le lecteur peut passer sans inconvénient le récit de Napoléon [1].

2° Ce récit de la première victoire de ce grand général me semble extrêmement curieux.

3° Quelques recherches que j'aie faites auprès des contemporains, je n'ai pu découvrir de mensonge dans le récit qu'on va lire. Ce ne fut qu'après Lodi que Napoléon songea à être autre chose qu'un général de la République [2].

1. *Mémoires de Napoléon*, tome Ier, page 1.
2. Il est inutile de dire que cette histoire est incomplète ; le lecteur y trouvera des passages où Stendhal annonce qu'il transcrira textuellement certains récits du *Mémorial de Sainte-Hélène*, comme émanés de la bouche même de Napoléon 1er. Ces récits n'ont pas été transcrits, mais nous avons laissé les lignes où il en est question, pour montrer l'intention de l'auteur et le plan de son ouvrage.

NOTE DE L'ÉDITEUR.

III

Après le siége de Toulon, le 6 février 1794, Napoléon fut nommé général de brigade et envoyé à l'armée d'Italie, pour commander l'artillerie. Le général en chef Dumerbion était âgé, bon, honnête, mais sans nul génie. Son chef d'état-major n'était nullement en état de suppléer à ce qui manquait au général en chef. Depuis trois ans on tirait des coups de fusil sans art, comme sans résultat, dans les hautes montagnes situées au nord de Nice (les Alpes-Maritimes); on tenait les soldats disséminés parmi des rochers stériles, où ils mouraient de faim.

Le nom du général Bonaparte était dans toutes les bouches. Il ne vint à l'idée de personne de tourner en ridicule ce petit homme si pâle, si maigre, si chétif. Sa conduite austère et toujours sévèrement calculée pour obtenir le respect, lui valut celui de l'armée. Bientôt eut lieu l'opération de Saorgio, et les soldats virent en lui un homme extraordinaire, un cœur enflammé pour la gloire et brûlant de donner des victoires à la République.

A l'époque de son arrivée à Nice, il avait pour aides-de-camp Muiron et Duroc. Le général d'artillerie proposa un plan d'opérations qui fut adopté dans un conseil de guerre, composé des représentants du peuple Robespierre jeune et Ricord, et des généraux Dumerbion, Masséna, Rusca, etc., etc. Il s'agissait de tourner la fameuse position de Saorgio qui, depuis si longtemps, arrêtait l'armée. Elle se mit en mouvement le 6 avril 1794, précisément le lendemain du jour où l'un des fondateurs de la République, l'homme dont aucune des révolutions qui, depuis, ont été essayées en Europe, n'a montré l'égal, Danton était envoyé à la mort, par un rival que cette âme hautaine avait trop méprisé.

Ainsi, la Révolution est déjà bien avancée au moment où Napoléon vient s'y donner un rôle ; l'époque d'énergie va cesser avec le besoin qu'on avait de l'énergie.

Le 8 avril, Masséna enleva les hauteurs qui dominent la ville d'Oneille ; dans le port de cette ville se trouvaient les vaisseaux des Anglais, ces alliés actifs et fort alertes des armées autrichiennes et piémontaises.

Le 29, Masséna prit Saorgio. Le 8 mai, il enleva le

col de Tende, et enfin le lendemain l'armée d'Italie se trouva en communication avec l'armée des Alpes.

Ainsi, en suivant le plan du jeune général d'artillerie, l'armée d'Italie avait accompli ce qu'on tentait en vain depuis deux ans. Les soldats de la République occupaient la chaîne supérieure des Alpes Maritimes ; ils avaient pris soixante-dix pièces de canon, quatre mille prisonniers et deux places fortes, Oneille et Saorgio.

Le général en chef Dumerbion eut la bonne foi d'écrire au comité de la guerre : « C'est au talent du » général Bonaparte que je dois les savantes combi- » naisons qui ont amené notre victoire. »

Napoléon osa proposer un plan plus vaste que celui qui venait de réussir : il s'agissait de réunir l'armée des Alpes à celle d'Italie sous Coni, ce qui eût valu le Piémont à la République française et conduit, sans grands efforts, jusque sur le Pô. On ne put tomber d'accord avec l'état-major de l'armée des Alpes, parce qu'il aurait fallu fondre les deux armées en une seule, sous un même général et que chacun tient à sa place.

Le général Dumerbion, loin d'être jaloux de son général d'artillerie, était enchanté de son génie et suivit avec empressement un troisième plan, au moyen duquel l'armée d'Italie fut portée jusqu'à Savone et aux portes de Ceva.

On apprit à l'armée, après la victoire de Saorgio,

qu'une division autrichienne allait occuper Dego sur la Bormida, pour de là se joindre à une division anglaise qui devait débarquer à Vado ; ces forces réunies auraient occupé Savone.

Il s'agissait d'empêcher cette jonction. Le général d'artillerie qui, jour et nuit, étudiait le terrain, proposa de s'emparer des hauteurs de Saint-Jacques, de Montenotte, de Vado, et d'étendre ainsi la droite de l'armée jusqu'à Gênes. La mauvaise volonté du Sénat de Gênes était évidente, non moins que le patriotisme des classes inférieures qui, d'ailleurs, gagnaient beaucoup d'argent, en fournissant du pain aux Français.

Le général Dumerbion accueillit cette idée ; il pénétra en Piémont, en longeant la Bormida et, descendu dans la plaine, menaça les derrières de l'armée autrichienne, laquelle se mit aussitôt en retraite sur Dego. Poursuivis par le général Cervoni, les Autrichiens se replièrent précipitamment sur Acqui, abandonnant Dego et leurs magasins. L'armée française venait de parcourir les champs de bataille de Montenotte et Millesimo, que un an plus tard Napoléon devait faire connaître au monde ; elle repassa l'Apennin et revit la mer ; mais maîtresse de la côte, de ce qu'on appelle dans le pays la rive, ou *rivière du ponant*, elle intercepta toute communication entre les Anglais et les Autrichiens, fit peur aux nobles de Gênes et encouragea les patriotes.

Tels furent les résultats du troisième plan proposé par le général Bonaparte.

Ces mouvements singuliers de l'armée d'Italie étonnèrent les coalisés ; ils se croyaient assurés d'anéantir la République. Ce fut précisément pendant ces premiers essais de l'homme qui devait leur apprendre à craindre la France, que furent signés, les 14 et 19 avril 1794, les traités qui unirent solidement contre la République l'Autriche, la Prusse, la Sardaigne, la Hollande et l'Angleterre. Le pays qui possédait le plus de cette liberté dont l'explosion, en France, faisait tant de peur aux rois, et qui, grâce à cette liberté qu'il voulait proscrire, avait la supériorité des lumières comme celle de l'argent, l'Angleterre paya bientôt et mena toute la coalition.

Au contraire des Allemands, les Anglais connaissent le prix du temps, leur attention ne s'égare point dans le vague ; et enfin, à cette époque ils avaient un homme (Nelson), digne de se battre contre le général français. Comme lui, Nelson avait l'esprit novateur et la haine de ses chefs ; il ne dut son avancement qu'à la crainte inspirée par Napoléon.

Les Allemands n'eurent qu'un général, l'archiduc Charles ; et encore ses talents semblèrent s'éclipser lorsqu'il dut les employer contre Napoléon et défendre les Alpes Noriques. Le grand Suwaroff ne parut en Italie que quatre ans plus tard, et les tracasseries des Autrichiens l'empêchèrent de pénétrer en France. Si l'envie des êtres médiocres qui remplissaient les cours eût permis à Nelson et à Suwaroff d'agir librement et de concert, la France eût peut-être péri ; mais les grands hommes ne sont connus qu'après leur mort.

Dans les attaques de la courte campagne de Loano, Bonaparte avait fait preuve de beaucoup de bravoure ; mais, pourtant, disaient les généraux, ses anciens, jamais au feu il n'a commandé un bataillon. Le jeune général voulait qu'on profitât de ces succès pour enlever le camp retranché de Ceva, centre de résistance des Piémontais. De là, il eût été facile de s'avancer dans les plaines d'Italie (la vallée du Pô). Mais ce plan d'invasion sembla téméraire au Comité de la guerre à Paris, auquel il l'adressa.

Sur ces entrefaites, les représentants du peuple près l'armée d'Italie prirent l'arrêté suivant :

« Le général Bonaparte se rendra à Gênes pour,
» conjointement avec le chargé d'affaires de la Ré-
» publique française, conférer avec le gouverne-
» ment de Gênes sur des objets portés dans ses ins-
» tructions.

» Le chargé d'affaires de la République française
» le reconnaîtra et le fera reconnaître par le gou-
» vernement de Gênes.

» Loano, le 25 messidor an II de la République.
   (13 juillet 1794.)
» Signé : RICORD. »

A cette décision étaient jointes les instructions suivantes :

INSTRUCTIONS SECRÈTES.

« Le général Bonaparte se rendra à Gênes.

» 1° Il verra la forteresse de Savone et les pays
» circonvoisins.

» 2° Il verra la forteresse de Gênes et les pays
» qu'il importe de connaître dans le commence-
» ment d'une guerre, dont il n'est pas possible de
» prévoir les effets.

» 3° Il prendra sur l'artillerie et les autres ob-
» jets militaires, tous les renseignements possibles.

» 4° Il pourvoira à la rentrée à Nice de quatre
» milliers de poudre, qui avaient été achetés pour
» Bastia, et qui ont été payés.

» 5° Il verra à approfondir, autant qu'il sera pos-
» sible, la conduite civique et politique du ministre
» de la République française Tilly et de ses autres
» agents, sur le compte desquels il nous vient diffé-
» rentes plaintes.

» 6° Il fera toutes les démarches et recueillera
» tous les faits qui peuvent déceler l'intention du
» gouvernement génois, relativement à la coali-
» tion.

» Fait et arrêté à Loano, le 25 messidor an II.

» Signé : RICORD. »

Cette mission et les instructions qui l'accompagnent, montrent la confiance que Bonaparte, à peine âgé de vingt-cinq ans, avait inspirée à des hommes intéressés à ne se pas tromper dans le choix de leurs agents.

Bonaparte va à Gênes ; il y remplit sa mission. Le 9 thermidor (an II) arrive[1] ; les députés terroristes sont remplacées par Albitte et Salicetti. Soit que ceux-ci, dans le désordre qui existait alors, eussent ignoré les ordres donnés au général d'artillerie, soit que les envieux de la fortune naissante du jeune Bonaparte leur eussent inspiré des soupçons contre lui, toujours est-il qu'ils prirent l'arrêté suivant, motivé sur le voyage de Bonaparte à Gênes :

« Au nom du peuple français. — Liberté, Égalité.

» Les représentants du peuple près l'armée des
» Alpes et d'Italie,

» Considérant que le général Bonaparte comman-
» dant en chef l'artillerie de l'armée d'Italie, *a totale-*
» *ment perdu leur confiance par la conduite la plus sus-*
» *pecte et surtout par le voyage* qu'il a dernièrement
» *fait à Gênes*, arrêtent ce qui suit :

» Le général de brigade Bonaparte, commandant

---

1. Le 27 juillet 1794, Robespierre, Saint-Just et tout leur parti sont envoyés à la mort par Tallien.

» en chef l'artillerie de l'armée d'Italie, est provisoi-
» rement suspendu de ses fonctions. Il sera, par les
» soins et sous la responsabilité du général en chef de
» ladite armée, mis en état d'arrestation et *traduit* au
» comité de Salut public à Paris, sous bonne et sûre
» escorte. Les scellés seront apposés sur tous ses pa-
» piers et effets, dont il sera fait inventaire par des
» commissaires qui seront nommés sur les lieux par
» les représentants du peuple Salicetti et Albitte, et
» tous ceux desdits papiers qui seront trouvés suspects
» seront envoyés au comité de Salut public.

» Fait à Barcelonnette le 10 thermidor an II de la
» République française une et indivisible et démo-
» cratique (6 août 1794).

» Signé : ALBITTE, SALICETTI, LAPORTE.

» Pour copie conforme à l'original,

» Le général en chef de l'armée d'Italie,

» Signé : DUMERBION. »

Le général Bonaparte adressa la réclamation suivante aux représentants Albitte et Salicetti.

« Vous m'avez suspendu de mes fonctions, arrêté
» et déclaré suspect.

» Me voilà flétri, sans avoir été jugé, ou bien jugé,
» sans avoir été entendu.

» Dans un état révolutionnaire, il y a deux classes,
» les suspects et les patriotes.

» Lorsque les premiers sont accusés, ils sont
» traités par forme de sûreté, de mesures géné-
» rales.

» L'oppression de la seconde classe est l'ébranle-
» ment de la liberté publique. Le magistrat ne peut
» condamner qu'après les plus mûres informations,
» et que par une succession de faits, celui qui ne
» laisse rien à l'arbitraire.

» Déclarer un patriote suspect, c'est un jugement
» qui lui arrache ce qu'il a de plus précieux, la
» confiance et l'estime.

» Dans quelle clase veut-on me placer?

» Depuis l'origine de la Révolution, n'ai-je pas
» été toujours attaché à ses principes?

» Ne m'a-t-on pas toujours vu dans la lutte, soit
» contre les ennemis internes, soit, comme militaire,
» contre les étrangers?

» J'ai sacrifié le séjour de mon département, j'ai
» abandonné mes biens, j'ai tout perdu pour la Ré-
» publique.

» Depuis, j'ai servi sous Toulon avec quelque dis-
» tinction, et j'ai mérité à l'armée d'Italie la part
» de lauriers qu'elle a acquise à la prise de Saorgio,
» d'Oneille et de Tanaro.

» A la découverte de la conspiration de Robes-

4

» pierre, ma conduite a été celle d'un homme ac-
» coutumé à ne voir que les principes.

» L'on ne peut donc pas me contester le titre de
» patriote.

» Pourquoi donc me déclare-t-on suspect, sans
» m'entendre? m'arrêta-t-on huit jours après que
» l'on avait la nouvelle de la mort du tyran?

» L'on me déclare suspect et l'on met les scellés
» sur mes papiers.

» L'on devait faire l'inverse ; l'on devait mettre
» les scellés sur mes papiers, m'entendre, me de-
» mander des éclaircissements et ensuite me décla-
» rer suspect, s'il y avait lieu.

» L'on veut que j'aille à Paris avec un arrêté qui
» me déclare suspect. L'on doit supposer que les
» représentants ne l'ont fait qu'en conséquence d'une
» information, et l'on ne me jugera qu'avec l'intérêt
» que mérite un homme de cette classe.

» Innocent, patriote, calomnié, quelles que soient
» les mesures que prenne le Comité, je ne pourrai
» pas me plaindre de lui.

» Si trois hommes déclaraient que j'ai commis un
» délit, je ne pourrais pas me plaindre du jury qui
» me condamnerait.

» Salicetti, tu me connais; as-tu rien vu, dans ma
» conduite de cinq ans, qui soit suspect à la Révo-
» lution?

» Albitte, tu ne me connais point. L'on n'a pu te

» prouver aucun fait; tu ne m'as pas entendu; tu
» connais cependant avec quelle adresse, quelque-
» fois, la calomnie siffle.

» Dois-je être confondu avec les ennemis de la
» patrie, et des patriotes doivent-ils inconsidérément
» perdre un général qui n'a point été inutile à la
» République? Des représentants doivent-ils mettre
» le gouvernement dans la nécessité d'être injuste
» et impolitique?

» Entendez-moi, détruisez l'oppression qui m'en-
» vironne, et restituez-moi l'estime des patriotes.

» Une heure après, si les méchants veulent ma
» vie, je l'estime si peu; je l'ai si souvent mépri-
» sée! Oui, la seule idée qu'elle peut être encore
» utile à la patrie, me fait en soutenir le fardeau
» avec courage. »

L'arrestation du général Bonaparte dura quinze jours; voici l'arrêté qui la fit cesser:

« Les représentants du peuple, etc., etc.

» Après avoir scrupuleusement examiné les
» papiers du citoyen Bonaparte, mis en état d'arres-
» tation, après le supplice du conspirateur Robes-
» pierre, par forme de sûreté générale, etc., etc.

» Arrêtent que le citoyen Bonaparte, sera mis
» provisoirement en liberté, pour rester au quartier
« général, etc., etc.

» Fait à Nice, le 3 fructidor de l'an II (20 août 1794).

» Signé : Albitte, Salicetti. »

Ce fut en Italie que le général Bonaparte s'attacha Duroc, qui avait fait une partie de la campagne comme aide-de-camp et capitaine d'artillerie. Bonaparte avait en horreur les rapports exagérés et *gascons*, des officiers par lesquels il faisait observer les faits. Le caractère froid et peu expansif de Duroc lui convenait parfaitement pour l'exactitude *mathématique* de ses rapports. Duroc fut peut-être le confident le plus intime de Napoléon. Par une exception unique à ce que Napoléon croyait devoir à la comédie grave dans laquelle il emprisonna sa vie, en prenant le titre d'Empereur, il exigeait, même alors, que dans le particulier, Duroc continuât à le tutoyer.

Le général Bonaparte avait-il été *terroriste*? Il l'a toujours nié. Employa-t-il son énergie au service exclusif de cette fonction toute-puissante, ou seulement en prit-il la couleur, ce qui était d'obligation étroite pour ne pas périr? Il n'a rien fait pour elle; il avait vu dès lors le grand principe, qu'en révolution il faut tout faire pour les masses et rien de particulier pour les chefs. Je ne cacherai point que des contemporains recommandables racontent différemment le danger couru par le général Bonaparte ; voici leur version :

Pendant l'hiver de 1794 à 1795, Napoléon fut chargé de l'inspection des batteries des côtes de la Méditerranée ; il revint pour cet objet à Toulon et à Marseille.

Le représentant du peuple, en mission à Marseille, craignit que la société populaire, plus ardente que lui, ne s'emparât du magasin à poudre, qui avait appartenu aux forts Saint-Jean et Saint-Nicolas, en partie détruits dans les premiers jours de la Révolution. Il fit part de ses inquiétudes au général Bonaparte, qui lui remit le plan nécessaire à la construction d'une muraille crénelée, qui aurait fermé ces forts du côté de la ville. Ce plan, qui impliquait défiance du peuple, fut envoyé à Paris, qualifié de liberticide par la Convention et le général Bonaparte mandé à la barre.

C'était à peu près une condamnation à mort ; ainsi avaient péri grand nombre de généraux.

Ce décret lui fut notifié, à Nice, où les représentants en mission près de l'armée d'Italie le mirent en arrestation, chez lui, sous la garde de deux gendarmes. La situation était d'autant plus dangereuse, que l'on commençait à beaucoup parler de ce jeune général Bonaparte, et que les vainqueurs de Thermidor n'ignoraient point les relations d'amitié qui avaient existé entre Robespierre le jeune, mort avec

4.

son frère, et lui. Gasparin qui l'aimait depuis Toulon, ne pouvait rien sans l'avis de ses deux collègues. M. Desgenettes, homme d'esprit, raconte [1] que, dans cette extrémité, ses aides-de-camp Sébastiani et Junot formèrent le projet de sabrer les deux gendarmes qui gardaient leur général, de l'enlever de vive force et de le conduire à Gênes, où il se serait embarqué. Par bonheur, l'ennemi fit des mouvements menaçants ; pressés par le danger dont la responsabilité pesait sur leurs têtes, les représentants écrivirent au Comité de salut public qu'on ne pouvait se passer à l'armée du général Bonaparte, et le décret de citation à la barre fut rapporté.

On voit que la Convention gouvernait, mais souvent son temps se perdait en déclamations et elle n'avait guère celui d'examiner, environnée de traîtres, comme elle l'était. Tous les crimes étaient punis de mort. Les sanglantes erreurs de cette assemblée seront, en partie, excusées aux yeux de la postérité, par les mémoires qu'ont publiés, sous la Restauration, MM. Fauche-Borel, Bertrand de Molleville, Montgaillard, et tant d'autres. Quoi qu'il en soit, on ne pourra refuser à cette assemblée le fait d'avoir sauvé la France, assemblée dont ni l'Espagne, ni l'Italie, éclairées par son exemple, n'ont pu montrer l'égale. — Par l'effet de ses lois, la France qui comptait vingt-

---

1. *Mémoires*, tome I.

cinq millions d'habitants en 1789, arrive à près de trente-trois millions en 1837.

Napoléon se défendait fort d'avoir jamais été terroriste; il racontait qu'un représentant le mit *hors la loi,* parce qu'il ne voulait pas le laisser disposer de tous ses chevaux d'artillerie pour courir la poste; mais je n'ai pas trouvé la confirmation de ce fait. Napoléon aimait assez à donner des ridicules à la République. Importuné, non par sa gloire actuelle, tout le monde l'a calomniée, mais par sa gloire future, qui donnera un peu l'apparence du clinquant à la gloire de l'Empire.

Tôt ou tard, en fait de gloire militaire, on en revient à estimer les grandes choses faites avec de petits moyens.

La marche d'Ulm à Austerlitz est brillante, sans doute; mais Napoléon était souverain; mais quel danger courait son armée? On reviendra à préférer Castiglione.

A Nice, le représentant Robespierre le jeune avait pris de l'enthousiasme pour ce général sombre, réfléchi, si différent des autres, qui ne disait jamais de choses vagues, et dont le regard avait tant d'esprit. Rappelé à Paris par son frère, quelque temps avant le 9 Thermidor, Robespierre le jeune fit tout au monde pour décider Napoléon à le suivre. Mais celui-ci aimait le séjour de l'armée, où il sentait et faisait voir à tous sa supériorité; il ne voulut pas aller se mettre à la *disposition des avocats*.

« Si je n'eusse inflexiblement refusé, observait-il
» plus tard, sait-on où pouvait me conduire un pre-
» mier pas et quelles autres destinées m'atten-
» daient? »

Peut-être eût-il fait manquer le 9 Thermidor ; il savait se battre dans les rues de Paris, et il y eut plusieurs heures de perdues dans la victoire de Tallien sur Robespierre.

Du reste, Napoléon rendait à Robespierre la justice de dire qu'il avait vu de longues lettres de lui à son frère, Robespierre jeune, alors représentant à l'armée du Midi, où il combattait et désavouait, avec chaleur, les cruautés révolutionnaires, disant qu'elles déshonoraient la Révolution et la tueraient.

Il y avait aussi à l'armée de Nice un autre représentant assez insignifiant. Sa femme, extrêmement jolie, fort aimable, partageait et parfois dirigeait sa mission; elle était de Versailles. Le ménage faisait le plus grand cas du général d'artillerie ; il s'en était tout à fait engoué et le traitait au mieux, sous tous les rapports, ce qui était un avantage immense pour le jeune général. Car, dans ces temps de trouble et de trahisons, un représentant du peuple était la loi vivante. Thureau fut un de ceux qui, dans la Convention, lors de la crise de Vendémiaire, contribuèrent le plus à faire jeter les yeux sur Napoléon ; il se souvenait du grand rôle qu'il lui avait vu jouer à l'armée.

— « J'étais bien jeune alors, disait Napoléon, à un
» de ses serviteurs fidèles ; j'étais heureux et fier de
» mon petit succès ; aussi, cherchais-je à le recon-
» naître par toutes les attentions en mon pouvoir,
» et vous allez voir quel peut être l'abus de l'auto-
» rité, à quoi peut tenir le sort des hommes ; car je
» ne suis pas pire qu'un autre.

» Promenant un jour madame T.... au milieu de
» nos positions, dans les environs du col de Tende,
» j'eus subitement l'idée de lui donner le spectacle
» de la guerre, et j'ordonnai une attaque d'avant-
» postes. Nous fûmes vainqueurs, il est vrai ; mais
» évidemment il ne pouvait y avoir de résultat ;
» l'attaque était une pure fantaisie et pourtant quel-
» ques hommes y restèrent. Toutes les fois que le
» souvenir m'en revient, je me reproche fort cette
» action. »

Les événements de Thermidor avaient amené un changement complet dans les comités de la Convention. Aubry, ancien capitaine d'artillerie, se trouva diriger le comité de la guerre, (c'est-à-dire fut ministre de la guerre). Lors des grands périls de la République, la levée en masse avait amené la formation d'une foule de corps ; on avait créé des généraux à mesure des besoins. Dès qu'un officier montrait de l'audace et quelque talent, on le nommait général, et quelquefois général en chef. Mais, en revanche, on envoyait au tribunal révolutionnaire les généraux qui ne réussissaient pas, quelque braves qu'ils fussent d'ailleurs (Houchard).

Ce système, absurde en apparence et qui fut l'objet des plaisanteries de toute l'Europe monarchique, valut à la France tous ses grands généraux. Quand l'avancement devint raisonnable et fut dirigé par un homme qui s'y connaissait (Napoléon), on n'eut plus que des hommes sans caractère, les lieutenants de Napoléon, sous qui ses armées furent toujours battues de 1808 à 1814 (en Espagne, en Allemagne, etc., Macdonald, Oudinot, Ney, Dupont, Marmont, etc.).

Pendant les temps héroïques de la France, rien n'était moins rare que de voir des officiers refuser de l'avancement. Chez quelques-uns, c'était prudence, chez la plupart, répugnance à se séparer d'une compagnie, d'un régiment, où se trouvaient leurs compatriotes et leurs amis. Plusieurs, devenus ambitieux depuis, se sont bien repentis de ces refus vers 1803, lorsque l'enthousiasme fut remplacé par l'égoïsme. Il y avait aussi des raisons pour les âmes sèches ; en 1793, 94, 95, on n'était pas payé ; ainsi, rien ne compensait les dangers fort réels d'une responsabilité plus étendue. Aubry fit un nouveau tableau de l'armée et ne s'y oublia pas ; il se fit général d'artillerie et favorisa plusieurs de ses anciens camarades, au détriment de la *queue du corps* qu'il réforma.

Napoléon qui avait à peine vingt-cinq ans, devint général d'infanterie et fut nommé pour servir dans la Vendée. Il quitta l'armée d'Italie et vint à Paris pour réclamer contre l'injustice dont il était victime.

Les réclamations auprès d'Aubry furent une véritable scène ; Napoléon insistait avec force parce qu'il avait des actions d'éclat par devers lui ; Aubry s'obstinait avec aigreur, parce qu'il avait la puissance et que n'ayant jamais vu le feu, il ne savait qu'opposer aux actions du jeune général.

— Vous êtes trop jeune, disait-il ; il faut laisser passer les anciens. — On vieillit vite sur le champ de bataille, répondait Napoléon, et j'en arrive.

Un homme âgé et sans gloire, est trop heureux de pouvoir faire du mal à un jeune homme qui a fait plus que lui ; Aubry maintint sa décision.

Napoléon, irrité du traitement qu'on lui faisait, donna sa démission ou fut destitué, et, comme Michel-Ange, dans une pareille occurrence, songea à aller offrir ses services au Grand Turc.

Dans un ouvrage qui ne mérite que fort peu de confiance[1], je trouve l'arrêté suivant :

---

1. *Mémoires de Bourienne*, tome I, page 69.

Liberté, Égalité.

Ampliation d'un arrêté du Comité de Salut public, en date du 29 fructidor an III. (15 septembre 1794.)

« Le Comité de salut public arrête que le général
» Bonaparte sera rayé de la liste des officiers géné-
» raux employés, attendu son refus de se rendre au
» poste qui lui a été assigné. »

Signé : LETOURNEUR (de la Manche), MERLIN (de Douai), T. BERLIER, BOISSY, CAMBACÉRÈS, président.

MM. Sébastiani et Junot avaient suivi à Paris leur général ; ils prirent ensemble un petit logement rue du Mail, dans un hôtel, près de la place des Victoires. Bonaparte n'avait rien volé ; on le payait, si on le payait, en assignats qui n'avaient que peu de valeur ; il tomba bientôt dans une gêne extrême. On a supposé qu'à cette époque il se mêla de quelque intrigue avec Salicetti, impliqué depuis dans le mouvement insurrectionnel du 1er Prairial (20 mai 1795) ; du moins le voyait-il souvent et témoignait-il le désir de rester en tête-à-tête avec lui.

Un jour, Salicetti remit trois mille francs en assignats au général pour prix de sa voiture, qu'il était forcé de vendre.

Pendant qu'il se trouvait dans la triste position

de sollicitenr désappointé, Bonaparte apprit que son frère aîné, Joseph, venait d'épouser à Marseille mademoiselle Clary, fille d'un riche négociant de cette ville. Cette position tranquille et heureuse le frappa. « Qu'il est heureux ce coquin de Joseph! » s'écriait-il.

Bonaparte rédigea une note, par laquelle il offrait au gouvernement[1] de passer à Constantinople, *pour accroître les moyens militaires de la Turquie* contre la Russie. Cette note resta sans réponse.

Napoléon fut obligé de vendre quelques ouvrages militaires qu'il avait rapportés de Marseille; plus tard il vendit sa montre. Une femme d'esprit, qui vit plusieurs fois Napoléon, en avril et mai 1795, a bien voulu rassembler ses souvenirs et me donner la note suivante :

« C'était bien l'être le plus maigre et le plus singulier que de ma vie j'eusse rencontré. Suivant la mode du temps, il portait des *oreilles de chien* immenses et qui descendaient jusque sur les épaules. Le regard singulier et souvent un peu sombre des Italiens, ne va point avec cette prodigalité de chevelure. Au lieu d'avoir l'idée d'un homme d'esprit

---

1. *Mémoires de Bourrienne*, t. I, p. 74. — Je ne doute pas que tout ceci ne soit éclairci par la suite dans quelque mémoire à l'Académie des Inscriptions Le rédacteur des mémoires attribués à Bourrienne et rédigés sur quelques notes, a menti autant qu'il l'a pu.

rempli de feu, on passe trop facilement à celle d'un homme qu'il ne serait pas bon de rencontrer le soir auprès d'un bois.

» La mise du général Bonaparte n'était pas faite pour rassurer. La redingote qu'il portait était tellement râpée, il avait l'air si *minable*, que j'eus peine à croire d'abord que cet homme fût un général. Mais je crus sur-le-champ que c'était un homme d'esprit ou, du moins, fort singulier. Je me rappelle que je trouvais que son regard ressemblait à celui de J. J. Rousseau, que je connaissais par l'excellent portrait de Latour, que je voyais alors chez M. N***.

» En revoyant ce général, au nom singulier, pour la troisième ou quatrième fois, je lui pardonnai ses *oreilles de chien* exagérées; je pensai à un provincial, qui outre les modes et qui, malgré ce ridicule, peut avoir du mérite. Le jeune Bonaparte avait un très-beau regard, et qui s'animait en parlant.

» S'il n'eût pas été maigre jusqu'au point d'avoir l'air maladif et de faire de la peine, on eût remarqué des traits remplis de finesse. Sa bouche, surtout, avait un contour plein de grâce. Un peintre, élève de David, qui venait chez M. N***, où je voyais le général, dit que ses traits avaient une forme grecque, ce qui me donna du respect pour lui.

» Quelques mois plus tard, après la révolution de Vendémiaire, nous sûmes que le général avait été présenté à madame Tallien, alors la reine de la mode, et qu'elle avait été frappée de son regard. Nous n'en fûmes point étonnés. Le fait est qu'il ne lui manquait pour être jugé favorablement, que d'être vêtu d'une façon moins misérable. Et cependant, dans ce temps-là, au sortir de la Terreur, les regards n'étaient pas sévères pour le costume. Je me rappelle encore que le général parlait du siége de Toulon fort bien ou, du moins, il nous intéressait, en nous en entretenant. Il parlait beaucoup et s'animait en racontant ; mais il y avait des jours aussi où il ne sortait pas d'un morne silence. On le disait très-pauvre et fier comme un Écossais ; il refusait d'aller être général dans la Vendée et de quitter l'artillerie. *C'est mon arme*, répétait-il souvent ; ce qui nous faisait beaucoup rire. Nous ne comprenions pas, nous autres jeunes filles, comment l'artillerie, des canons, pouvaient servir d'épée à quelqu'un.

» 'Je me rappelle encore que le *maximum*[1] régnait alors. On payait toutes les provisions et le pain en assignats ; aussi, les paysans n'apportaient-ils rien au marché. Quand on invitait quelqu'un à dîner, il apportait son pain ; quand une madame de N..., notre voisine de campagne, dînait à la maison, elle apportait un morceau d'excellent pain blanc dont elle me donnait la moitié. On dépensait à la maison

1. La loi dite du *maximum*, fixait le taux au-dessus duquel il était défendu de vendre les denrées et les autres marchandises.

peut-être cinq ou six francs, en argent, toutes les semaines. Je conçois bien que le général Bonaparte, qui n'avait que sa paye en assignats, fût si pauvre. Il n'avait nullement l'air militaire, sabreur, bravache, grossier. Il me semble aujourd'hui qu'on lisait dans les contours de sa bouche si fine, si délicate, si bien arrêtée, qu'il méprisait le danger, et que le danger ne le mettait pas en colère. »

Cette époque a été défigurée par un homme que, plus tard, Napoléon fut obligé de chasser pour son improbité notoire, et sur les notes haineuses duquel un libraire a fait écrire des mémoires.

Des témoins plus dignes de foi, donnent des détails sur la pauvreté de l'homme qui, à cette époque, avait en réalité pris Toulon et gagné la bataille de Loano. Ils racontent qu'alors Talma qui commençait sa carrière au Théâtre-Français, où il était persécuté par les anciens acteurs, exactement comme le jeune général par l'ancien capitaine Aubry, donnait des billets au général, quand il pouvait en obtenir des semainiers. Pour n'omettre aucun détail, j'ajouterai que Napoléon portait habituellement, par économie, un pantalon de peau de daim. Junot avait un peu d'argent; on lui persuada de le placer dans un commerce de meubles, place du Carrousel et cet argent fut perdu.

Une femme fort prétentieuse et fabuleusement laide remarqua les beaux yeux du général, le persécuta de ses préférences ridicules et prétendait gagner son cœur, en lui donnant de bons dîners : il prit la fuite. Cependant, comme je respecte infiniment les témoins oculaires, quelques ridicules qu'ils aient d'ailleurs, je transcrirai les récits de cette dame.

« Le lendemain de notre second retour d'Allemagne, en 1795, au mois de mai, nous trouvâmes Bonaparte au Palais-Royal, auprès d'un cabinet que tenait un nommé Girardin. Bonaparte embrassa Bourienne, comme un camarade que l'on revoit avec plaisir. Nous fûmes au Théâtre-Français, où l'on donnait une comédie : *le Sourd ou l'Auberge pleine*. Tout l'auditoire riait aux éclats. Le rôle de Desnières était rempli par Baptiste cadet, et jamais personne ne l'a mieux joué que lui. Les éclats de rire étaient tels que l'acteur fut souvent forcé de s'arrêter dans son débit. Bonaparte seul, et cela me frappa beaucoup, garda un silence glacial. Je remarquai à cette époque que son caractère était froid et souvent sombre ; son sourire était faux et souvent fort mal placé ; et à propos de cette observation, je me rappelle qu'à cette même époque, peu de jours après notre retour, il eut un de ses moments d'hilarité farouche qui me fit mal et qui me disposa peu à l'aimer.

» Il nous raconta avec une gaîté charmante, qu'étant devant Toulon, où il commandait l'artillerie, un officier qui se trouvait de son arme et sous ses ordres, eut la visite de sa femme, à laquelle il était uni depuis peu et qu'il aimait tendrement. Peu de jours après, il eut ordre de faire une nouvelle attaque sur la ville et l'officier fut commandé. Sa femme vint trouver le commandant Bonaparte et lui demanda, les larmes aux yeux, de dispenser son mari de service ce jour-là. Le commandant fut insensible, à ce qu'il nous disait lui-même, avec une gaîté charmante et féroce. Le moment de l'attaque arriva, et cet officier qui avait toujours été d'une bravoure extraordinaire, à ce que disait Bonaparte lui-même, eut le pressentiment de sa fin prochaine; il devint pâle, il trembla. Il fut placé à côté du commandant, et dans un moment où le feu de la ville devint très-fort, Bonaparte lui dit : *Gare! voilà une bombe qui nous arrive.* L'officier, ajouta-t-il, au lieu de s'effacer se courba et fut séparé en deux. Bonaparte riait[1] aux éclats, en citant la partie qui lui fut enlevée.

» A cette époque, nous le voyions presque tous les jours; il venait souvent dîner avec nous; et comme on manquait de pain et qu'on n'en distribuait parfois, à la section, que deux onces par jour, il était d'usage de dire aux invités d'apporter leur pain, puisqu'on ne pouvait s'en procurer pour de

---

1. Cette sorte de gaîté, qui n'est qu'un retour philosophique sur soi-même, est fréquente parmi les militaires français, et ne prouve absolument rien contre leur caractère. Napoléon croyait aux pressentiments.

l'argent. Lui et son jeune frère Louis, qui était son aide-de-camp, jeune homme doux et aimable, apportaient leur pain de ration qui était noir et rempli de son ; et c'est à regret que je le dis, c'était l'aide-de-camp qui le mangeait à lui tout seul, et nous donnions au général du pain très-blanc, que nous nous procurions en le faisant faire en *cachette,* chez un pâtissier, avec de la farine qui était venue clandestinement de Sens où mon mari avait des fermes. Si l'on nous avait dénoncés, il y avait de quoi marcher à l'échafaud.

» Nous passâmes six semaines à Paris, et nous allâmes très-souvent avec lui au spectacle et aux beaux concerts de Garat, qu'on donnait dans la rue Saint-Marc. C'étaient les premières réunions brillantes depuis la mort de Robespierre. Il y avait toujours de l'originalité dans la manière d'être de Bonaparte; car souvent il disparaissait d'auprès de nous, sans rien dire, et lorsque nous le croyions ailleurs qu'au théâtre, nous l'apercevions aux secondes ou aux troisièmes, seul dans une loge, ayant l'air de bouder.

» Avant de partir pour Sens, où je devais faire mes premières couches, nous cherchâmes un appartement plus grand et plus gai que celui de la rue Grenier-Saint-Lazare, qui n'était qu'un pied-à-terre. Bonaparte vint chercher avec nous, et nous arrêtâmes un premier, rue des Marais, n° 19, dans une belle maison neuve. Il avait envie de rester à Paris, et il alla voir une maison vis-à-vis de la nôtre. Il eut le projet de la louer avec son oncle Fesch, depuis cardinal, et avec un nommé Patrault, un de ses anciens professeurs de l'école militaire, et là il nous dit un jour : « Cette maison, avec mes amis, vis-à-vis de » vous, et un cabriolet, et je serai le plus heureux » des hommes. »

» Nous partîmes pour Sens et la maison ne fut pas louée par lui, car d'autres grandes affaires se préparaient. Dans l'intervalle entre notre départ et la funeste journée de Vendémiaire, il y eut plusieurs lettres échangées entre lui et son camarade. Ces lettres étaient les plus affectueuses et les plus aimables. (Elles furent volées plus tard, on verra comment.)

» A notre retour, en novembre de la même année, tout était changé. L'ami de collége était devenu un grand personnage : il commandait Paris en récompense de la journée de Vendémiaire. La petite maison de la rue des Marais était changée en un magnifique hôtel, rue des Capucines ; le modeste cabriolet était transformé en superbe équipage, et lui-même ne fut plus le même ; les amis de l'enfance furent encore reçus le matin ; on les invita à des déjeuners somptueux, où se trouvaient parfois des dames et entre autres la belle madame Tallien et son amie la gracieuse madame de Beauharnais, de laquelle il commençait à s'occuper.

» Il se souciait peu de ses amis et il ne les tutoyait déjà plus. Je parlerai d'un seul, M. de Rey, fils d'un cordon rouge, dont le père avait péri au siége de Lyon et qui, s'y trouvant lui-même, avait été sauvé comme par miracle. C'était un jeune homme doux et aimable, et dévoué à la cause royale. Nous le voyions également tous les jours. Il alla chez son camarade de collége ; mais il ne put prendre sur lui de répondre par le *vous*. Aussi lui tourna-t-il le dos; et lorsqu'il le vint revoir, il ne lui adressa plus la parole. Il n'a jamais rien fait pour lui, que de lui donner une misérable place d'inspecteur des vivres, que de Rey n'a pu accepter. Il est mort de la poitrine trois ans après, regretté de tous ses amis.

» M. de Bourienne voyait Bonaparte de loin en loin après le 13 Vendémiaire. Mais au mois de février 1796, mon mari fut arrêté à sept heures du matin, comme émigré rentré, par une bande de gens armés de fusils; ils l'arrachèrent à sa femme et à son enfant, qui avait six mois.

» Je le suivis; on le promena du corps de garde à la section, de la section je ne sais où encore. Partout il fut traité de la manière la plus infâme et enfin le soir on le jeta au dépôt de la Préfecture de police[1], et là il passa deux nuits et un jour, con-

1. On l'appelait alors, je crois, *Bureau central*.

fondu avec tout ce qu'il y avait de pis, même jusqu'à des malfaiteurs. Sa femme et ses amis coururent de toutes parts pour lui trouver des protecteurs, et on courut entre autres chez Bonaparte. On eut beaucoup de peine à le voir; madame de Bourienne resta, accompagnée d'un ami de son mari, à attendre le commandant de Paris jusqu'à minuit. *Il ne rentra point :* elle y retourna le lendemain matin de fort bonne heure; elle lui exposa le sort de son mari (à cette époque il y allait de sa tête). Il fut fort peu touché de la position de son ami. Cependant, il se décida à écrire au ministre de la justice, Merlin. Madame de Bourienne porta cette lettre à son adresse; elle rencontra le personnage sur son escalier; il se rendait au Directoire; il était en grand costume, harnaché de je ne sais combien de plumes, et avec le chapeau à la Henri IV, ce qui contrastait singulièrement avec sa tournure. Il ouvrit la lettre, et soit que le général ne lui plût pas plus que la cause de l'arrestation de M. de Bourienne, il répondit que cela n'était plus dans ses mains, que cela regardait désormais le ministère public, etc., etc. »

En l'an III (1794), M. de Pontécoulant fut nommé président du comité de la guerre et en cette qualité se trouva chargé de remplir plusieurs des fonctions les plus importantes du ministère de la guerre. Pour avoir un peu de tranquillité et se mettre à l'abri des solliciteurs, il s'était établi dans un réduit au sixième étage du pavillon de Flore, au palais des Tuileries.

Il était fort en peine de l'armée d'Italie ; il ne recevait aucune des lettres que, sans doute, on lui adressait de cette armée. On lui écrivait de Marseille qu'on mourait de faim à l'armée d'Italie, et enfin les choses en étaient arrivées à ce point que le comité de la guerre craignait d'apprendre un beau matin l'anéantissement de cette armée.

Un jour, le représentant Boissy d'Anglas disait à un de ses collègues de la Convention, qu'il connaissait un jeune homme qui avait été chassé de l'armée d'Italie comme terroriste et, selon lui, à tort. Il a des idées, ajouta-t-il, et pourrait peut-être vous donner de bons renseignements.

— Envoyez-le moi, dit M. de Pontécoulant[1].

Le lendemain, il vit arriver à son sixième étage du pavillon de Flore, l'être le plus maigre et le plus singulier qu'il eût vu de sa vie. Boissy d'Anglas lui avait dit qu'il s'appelait le général Bonaparte ; mais M. de Pontécoulant n'avait pas retenu ce nom singulier ; il trouva pourtant que cet être, à l'apparence si extraordinaire, ne raisonnait point mal. — Mettez par écrit tout ce que vous m'avez dit ; faites-en un mémoire et apportez-le moi, lui dit-il.

1. Mort à Paris, le 3 avril 1853, à l'âge de 88 ans.

Quelques jours après, M. de Pontécoulant, rencontrant Boissy d'Anglas, lui dit : « J'ai vu votre homme ; mais il est fou apparemment, il n'est plus revenu. — C'est qu'il a cru que vous vous moquiez de lui ; il croyait que vous le feriez travailler avec vous. — Eh bien, qu'à cela ne tienne ; engagez-le à revenir demain. » Bonaparte vint, remit gravement son mémoire, et s'en alla. M. de Pontécoulant se le fit lire, pendant qu'on lui faisait la barbe, et il en fut tellement frappé, qu'il fit courir après le jeune homme ; mais on ne le trouva plus dans l'escalier ; il revint le lendemain. Après avoir raisonné des faits énoncés dans le mémoire : — Voudriez-vous travailler avec moi ? lui dit le représentant. — Avec plaisir, répondit le jeune homme, et il s'assit devant une table.

M. de Pontécoulant trouva que ce jeune général comprenait parfaitement la position de l'armée d'Italie et ses besoins.

D'après les plans de Bonaparte, cette armée occupa Vado, et les subsistances furent presque assurées. — Que comptez-vous faire à l'avenir, disait un jour M. de Pontécoulant au jeune homme ? — « J'irai à Constantinople ; le Grand Seigneur a de
» bons soldats, mais il a besoin de gens qui sachent
» les mener à l'européenne. »

A l'époque où Bonaparte commença à travailler avec M. de Pontécoulant, le comité des subsistances, dont ce dernier était membre, avait peine à assurer les subsistances de Paris, à raison de deux onces de pain par tête et par jour. La détresse où se trouvait le général Bonaparte était partagée par tous les employés du gouvernement, qui n'avaient pas quelque fortune par devers eux.

M. de Pontécoulant qui lui voulait du bien, alla demander au comité de l'artillerie que Bonaparte fût nommé général dans cette arme ; il fut repoussé avec perte : « Il faut des connaissances particulières, » lui dit-on, et votre jeune homme ne les possède » pas ; il faut une expérience qu'il n'a pas ; son » avancement a été scandaleux par sa rapidité ; » dites-lui qu'il est trop heureux d'être général de » brigade d'infanterie. »

Après avoir travaillé nuit et jour, pendant sept mois, les comités de la Convention furent renouvelés et M. de Pontécoulant remplacé par Letourneur. — « Je ne veux point travailler avec cet homme, lui dit Napoléon. »

— Mais, encore une fois, que ferez-vous ?
— J'irai à Constantinople.

A quelque temps de là, arriva le 13 Vendémiaire ; la Convention eut besoin de gens de mérite et Napoléon fut employé. Il n'oublia jamais l'homme qui l'avait apprécié et sauvé de la misère.

Lorsqu'il fut Consul, il fit appeler M. de Pontécoulant. « Vous êtes sénateur, » lui dit-il, avec ce regard enchanteur qu'il avait lorsqu'il se croyait libre de suivre les mouvements de son cœur.

— La grâce que vous voulez me faire est impossible, répondit M. de Pontécoulant; je n'ai que trente-six ans et il faut en avoir quarante.

— Eh bien, vous serez préfet de Bruxelles, ou de toute autre ville qui vous conviendra; mais rappelez-vous que vous êtes sénateur et venez prendre votre place quand vous aurez l'âge; je voudrais pouvoir vous montrer que je n'ai pas oublié ce que vous avez été pour moi.

Quelques années plus tard, M. de Pontécoulant, sénateur, habitait Paris; il eut l'imprudence de répondre pour un de ses amis; il s'agissait d'une somme de trois cent mille francs, que l'ami ne put pas payer et M. de Pontécoulant fut plongé dans l'embarras le plus extrême; il allait être obligé de vendre son unique terre (la terre de Pontécoulant, département du Calvados).

— Pourquoi ne vous adresseriez-vous pas à l'Empereur, lui dit un de ses amis? il vous montre une amitié toute particulière. — En vérité, je n'ose, répondait M. de Pontécoulant; ce serait une indiscrétion; je donnerais un mauvais moment à l'Empereur et à moi. Enfin, un jour, fort peiné de la nécessité de vendre sa terre, M. de Pontécoulant demanda une audience à l'Empereur, auquel il raconta ce qui lui arrivait.

— Combien y a-t-il de temps que vous êtes en cet état? lui dit Napoléon.

— Trois mois, Sire.

— Eh bien, ce sont trois mois de perdus; croyez-vous que je puisse oublier ce que vous avez fait pour moi. Passez aujourd'hui même chez le trésorier de ma liste civile, qui vous remettra vos cent mille écus.

Quelques années après M. de Pontécoulant eut l'envie d'aller voir Constantinople, où il se trouva justement pour seconder le général Sébastiani, pendant la semaine qui a fait la réputation de ce dernier. Il mystifia complétement un amiral anglais, qui voulait et pouvait prendre Constantinople, et qui ne prit rien. L'Empereur avait donné des ordres pour que M. de Pontécoulant fût reçu partout avec la plus haute distinction.

Voyons maintenant comment arriva le 13 Vendémiaire, qui rendit un rôle au vainqueur de Toulon.

Les événements de 1795 avaient éloigné les périls atroces, on revint à la raison vulgaire; mais avec le feu de la fièvre, l'énergie et l'enthousiasme s'éteignirent.

La mort de Danton, la chute de Robespierre et de la terrible *Commune de Paris*, marquèrent cette grande époque. Jusque-là le sentiment républicain s'était accru dans tous les cœurs; après le 9 Thermidor il commença à faiblir partout. On peut dire que la République fut blessée au cœur par la mort de Danton. Son agonie dura six ans, jusqu'au 18 Brumaire (9 novembre 1799).

Il faut l'avouer, rien n'est plus incommode que la dictature du plus digne. Aussitôt que le gouvernement n'est plus indispensable, tout le monde en sent la gêne ; c'est que le peuple n'a de force et n'est quelque chose que lorsqu'il est en colère ; alors rien ne lui coûte. La colère tombe-t-elle, le moindre sacrifice lui semble impossible.

Après le 9 Thermidor, la Convention fut successivement gouvernée par des factions ; mais aucune ne sut acquérir une prépondérance durable. Plusieurs fois l'enthousiasme, qui se croyait indispensable à la durée de la République, chercha à reconquérir le pouvoir ; il ne réussit pas ; les gens froids l'emportèrent. Bientôt le parti royaliste chercha à tirer avantage de leurs demi-mesures.

Telle est l'histoire de tous les essais de coup d'État, de toutes les petites journées qui suivirent la grande, du 9 Thermidor. Toutefois, sous le régime faible qui suivit cette révolution, on n'osa pas entièrement déserter les grands principes proclamés du temps de Danton, et l'on voit l'énergie antérieure porter ses fruits ; c'est comme l'énergie de Richelieu sous le faible Louis XIII.

La Hollande est conquise sous Pichegru. Un souverain, à la vérité le plus sage de tous, Léopold grand duc de Toscane, daigne faire la paix avec la République ; la Vendée, qui avait été si près de vaincre et à qui il ne manqua qu'un général ou un prince du sang, traite avec la Convention. Souvent, depuis son avénement au 31 mai, la *Commune de Paris* avait gouverné. Cette grande ville est trop puissante ; il lui reste le privilége de choisir le gouvernement de la France, dans les moments de crise. Mais sa municipalité fut divisée en douze parties (les douze arrondissements municipaux), et l'on n'en parla plus.

Les Écoles centrales, l'École polytechnique sont fondées ; ce fut le plus beau temps de l'*Instruction publique*. Bientôt elle fit peur aux gouvernants, et depuis, sous de beaux prétextes, on a toujours cherché à la gâter. Aujourd'hui, l'on enseigne aux enfants qu'*equus* veut dire cheval ; mais on se garde bien de leur apprendre ce que c'est qu'un cheval. Les enfants, dans leur curiosité indiscrète, pourraient finir par demander ce que c'est qu'un magistrat, et bien plus ce que doit être un magistrat. On cherche à former des âmes basses et à perfectionner quelque enseignement partiel ; tandis qu'il n'y a aucun cours de politique, de morale et de logique. Bonaparte lui-même eut peur de l'École polytechnique et ne se détermina à la visiter qu'après le retour de l'île d'Elbe.

Le 12 germinal an III (1er avril 1795), le parti de l'énergie essaya de ressaisir le pouvoir. Collot d'Herbois, Billaud-Varennes, Barrère, Vadier, qui avaient tenté cet essai, sont déportés et non pas guillotinés. La Prusse despotique et guerrière est obligée de penser à ses provinces de Pologne et signe la paix avec la République. A l'intérieur, les biens des condamnés sont rendus aux familles.

Le 1ᵉʳ prairial an III, la Convention est de nouveau en péril; son enceinte est forcée; la tête du représentant Ferraud est présentée, au bout d'une pique, à l'intrépide Boissy d'Anglas, qui salue avec respect cette tête de son collègue.

Le parti de l'énergie est encore repoussé. La France eût couru les plus grands dangers; mais le parti débile à qui la victoire était restée a le bonheur de trouver le général Bonaparte et ses victoires.

Ce fut un sursis de trois ans; bientôt ce parti a peur du général et l'envoie en Égypte. Alors, en 1799, la France est sur le point de périr. Elle ne dut son salut qu'au hasard; c'est-à-dire à la bataille de Zurich et aux petitesses des Autrichiens, qui piquèrent l'amour-propre du sauvage Suwaroff.

Si le sentiment religieux eût eu quelque énergie après le 9 Thermidor, la France se serait faite protestante. Un retour aveugle au passé fit rendre au culte catholique, c'est-à-dire au parti royaliste, une force immense, avec l'usage des édifices qui lui avaient été enlevés. Même en adoptant cette mesure, il fallait la faire acheter par un concordat; mais on se disputait le pouvoir à coups de lois ; personne ne songeait à l'avenir.

Les Anglais débarquent des régiments d'émigrés à Quiberon ; on voit la lutte curieuse de l'ancienne façon de faire la guerre avec la nouvelle. Hoche se bat avec génie ; mais la colère ou la prudence dynastique du gouvernement l'emporte sur la saine politique. Il fallait condamner à une prison perpétuelle tous ceux de ces Français qui avaient eu un grade dans la marine. Trois ans plus tard l'expédition d'Égypte eût réussi.

Les Anglais, eux-mêmes, malgré leur morosité et l'égoïsme amer qui fait leur patriotisme, eurent honte de cette expédition. *Le sang anglais n'a pas coulé,* dit au Parlement, William Pitt, ce digne ministre de l'aristocratie de toute l'Europe.

— Non, répondit Shéridan, mais l'honneur anglais a coulé par tous les pores.

Peu après la catastrophe de Quiberon[1], le 1ᵉʳ août 1795, Charles IV de Bourbon, roi d'Espagne, signa la paix avec la République. Le gouvernement à Paris n'a pas assez d'argent numéraire, pour donner au courrier porteur de cette nouvelle, la somme qu'il lui faut pour se rendre de Perpignan à Madrid. Après quelques semaines d'attente, ce courrier revint de Perpignan par la diligence.

1. Le 19 juillet 1795.

Un décret de la Convention ferme les sociétés populaires, supplément nécessaire des gouvernements dans les moments de péril, et cruel embarras dans les périodes tranquilles. D'autres décrets rapportent la loi des *suspects* [1], déclarent le Rhin limite du territoire de la République française, et enfin proposent à l'acceptation du peuple la constitution de l'an III, qui établit un *Directoire*, un *Conseil des Anciens* et un *Conseil des Cinq-Cents*.

La terreur ayant cessé de comprimer les royalistes, de nombreuses conspirations s'organisent à l'intérieur. Pichegru vend son armée au prince de Condé ; il envoie mille Français à Manheim ; ils y sont écrasés et leurs débris se rendent prisonniers. L'armée du Rhin repasse ce fleuve ; l'armée de Sambre-et-Meuse est forcée de suivre ce mouvement. Le patriote Jourdan est placé entre Moreau et Pichegru ; la République, sauvée par Danton, est de nouveau sur le point de périr, et cette fois ses ennemis ont acquis de l'habileté, et son gouvernement manque d'enthousiasme et de génie.

Le Comité de salut public est remplacé par cinq directeurs ; le premier d'entre eux, Barras, est un *roué*, et à ce titre, est fort estimé à Paris. Rewbell, homme intègre et travailleur, eût été un bon préfet ; Laré-

---

1. D'après la loi, il y avait les *simples suspects* et les *notoirement suspects*.

veillère-Lepaux aime la patrie et a des vues honnêtes; Carnot dirige les opérations militaires, mais son génie a été effrayé par les reproches de cruauté qui lui ont été adressés et il paraît inférieur à lui-même.

Ce faible gouvernement fut sauvé de la destruction, uniquement par les victoires que l'armée d'Italie remporta l'année suivante. Sans Napoléon, 1799 fût arrivé en 1796.

Tels sont les avant-coureurs du 13 Vendémiaire et de la fortune de Bonaparte. Pour la troisième fois, l'année 1795 voit le danger de la Convention; la liberté elle-même est en péril; on dirait que sa force vitale a fini avec le *Comité de salut public*. Un discrédit mortel avait frappé les assignats et jusqu'aux domaines nationaux que les émigrés rentrés réclamaient de toutes parts.

Les armées obtenaient encore de grands succès, parce que jamais elles n'avaient été plus nombreuses; mais elles éprouvaient des pertes journalières qu'il n'y avait plus moyen de réparer. Le découragement pénétrait parmi elles et ce qu'il y avait de pis, les étrangers éclairés par les traîtres de l'intérieur, voyaient cet effet et en triomphaient.

Tandis que ces soldats se morfondaient dans les Alpes, trois cent mille Français inondaient la Belgique et le Palatinat, battaient les alliés à Turcoing, à Fleurus, à Kaiserslautern, sur l'Ourte, sur la Roëv, chassaient les Anglais, les Hollandais, les Autrichiens et les Prussiens, jusque derrière le Rhin ; entraient victorieux dans Bruxelles, Anvers et Maëstricht ; passaient le Vaal et la Meuse sur la glace ; entraient triomphants dans Amsterdam, vainement menacée jadis par Louis XIV et Turenne. Cologne et Coblentz, ancien quartier général des émigrés, étaient occupés. Deux autres armées, sous Dugommier, Pérignon et Moncey, envahissaient la Catalogne et la Biscaye, après avoir remporté deux victoires éclatantes à Figuières et à Saint-Marcial. Enfin, cent mille hommes soumettaient avec peine les royalistes de la Bretagne et de la Vendée.

La France a des succès sur terre, mais elle éprouve des revers sur mer. La famine désolait l'intérieur ; vingt-cinq vaisseaux de ligne sortent de Brest pour faciliter l'entrée d'un grand convoi attendu d'Amérique.

L'amiral Howe s'avance avec vingt-cinq vaisseaux, pour empêcher l'entrée du convoi ; le représentant du peuple Jean-Bon-Saint-André force l'amiral Villaret-Joyeuse à recevoir la bataille avec de jeunes officiers, peu expérimentés et de vieux capitaines de vaisseaux, qui détestaient la République ; les marins se battent avec courage, mais l'ordre et le calme des Anglais triomphent d'une valeur mal guidée. Nous perdons sept vaisseaux pris ou coulés et la flotte de l'Océan est réduite à l'inactivité par la bataille d'Ouessant, comme celle de la Méditerranée par l'incendie de Toulon.

Pendant ce temps, le brave Kosciusko cherchait en vain à défendre sa patrie. L'énergie des mesures intérieures ne répond pas à la bravoure des soldats; la Pologne n'a ni Carnot ni Danton et elle cesse d'exister.

Le 9 Thermidor arrive en France; Robespierre disparaît; l'énergie républicaine cesse peu à peu d'animer le gouvernement; les royalistes ont l'espoir de s'en emparer et de détruire la liberté, à l'aide des formes protectrices qu'elle avait données au peuple. Carnot avait quitté la direction de la guerre, l'Espagne et la Prusse avaient fait la paix.

La levée en masse qui, sous Danton, sauva la République, avait donné une multitude de corps : on s'occupa de les amalgamer et de former une armée régulière.

Siéyès fait décréter la Constitution de l'an III, qui établit une Chambre de cinq cents membres et un Conseil des anciens, composé de trois cents, comme chambre de révision. Ces conseils devaient se renouveler par tiers tous les ans. Le pouvoir exécutif est confié à un Directoire de cinq membres, se renouvelant par cinquième tous les ans.

Mais le malade n'était pas entré en convalescence et le régime de la santé ne lui convenait point encore. La Convention vit que les royalistes allaient s'emparer des élections; la réaction était imminente. La Convention rendit deux décrets, au moyen desquels les deux tiers de ses membres devaient entrer dans les conseils, et les parents d'émigrés ne pouvaient être élus aux fonctions législatives.

Le gouvernement révolutionnaire avait sauvé le territoire de l'invasion étrangère; il avait été une nécessité, mais une nécessité cruelle. Le public formé dans ses façons de voir par le despotisme corrompu de Louis XV, ne comprenait rien aux avantages de la liberté. D'ailleurs, ces avantages n'étaient qu'en germe et ne ressemblaient nullement aux utopies rêvées en 1789.

Les émigrés rentrés, les agents payés par l'Angleterre, les royalistes, profitèrent de la haine que les Jacobins inspiraient aux classes aisées, pour soulever toute la population de Paris contre un décret qui semblait fait pour perpétuer leur empire. La riche bourgeoisie qui fit le mouvement de Vendémiaire, était loin de voir que la révolution tendait à la mettre à la place de la noblesse, ainsi qu'on l'a vu dans le Sénat de Napoléon et dans la chambre des pairs de Louis XVIII et de Louis-Philippe.

Au 13 Vendémiaire, des quarante-huit sections de Paris, trente au moins ne voulaient ni des décrets ni des conventionnels. Chacune avait son bataillon de garde nationale bien armé; les agents payés par l'Angleterre donnaient de l'ensemble au mouvement qui était combiné avec la descente du comte d'Artois en Vendée.

Si les Autrichiens n'avaient pas eu cent cinquante mille hommes aux portes de Strasbourg et les Anglais quarante vaisseaux devant Brest, Napoléon aurait peut-être pris le parti des sectionnaires ; mais quand le territoire est menacé, le premier devoir de tout citoyen est de se rallier à ceux qui tiennent le gouvernail. D'ailleurs, en sa qualité de général estimé, Napoléon avait une place fixe à la tête des troupes. En se jetant parmi les sectionnaires, il se fût trouvé en rivalité avec des avocats bavards, la classe d'hommes qui lui fut toujours le plus antipathique.

Napoléon commande sous Barras ; il avait quarante pièces de canon et cinq mille hommes ; plus quinze cents patriotes de 1789, organisés en trois bataillons.

Le 13 Vendémiaire an IV (4 octobre 1795), les sectionnaires marchèrent sur la Convention. Une de leurs colonnes débouchant par la rue Saint-Honoré, vint attaquer. On lui répondit à coups de mitraille ; les sectionnaires se sauvèrent, ils voulurent tenir ferme sur les degrés de l'église Saint-Roch ; on n'avait pu passer qu'une pièce dans la rue du Dauphin, alors fort étroite ; la pièce fit feu sur cette garde nationale peu aguerrie, qui se dispersa, en laissant quelques morts. Le tout fut terminé en une demi-heure. La colonne qui marchait le long du quai Voltaire, pour attaquer le Pont-Royal, montra beaucoup de bravoure, mais ne fut pas plus heureuse.

Cet événement, si petit en lui-même et qui ne coûta pas deux cents hommes de chaque côté, eut de grandes conséquences; il empêcha la révolution de rétrograder. Napoléon fut nommé général de division et, bientôt après, général en chef de l'armée de l'intérieur.

Paris, cette patrie de la mode, trouvait ridicule cette énergie à l'aide de laquelle il avait sauvé la liberté, pendant trois ans; c'étaient alors les beaux jours du *Bal des victimes*. Pour y être admis, il fallait prouver la mort d'un père ou d'un frère par la guillotine. On était las de tristesse et de sérieux; on déclara ces sentiments tout à fait surannés.

Le parti royaliste, dont Robespierre avait entrepris l'anéantissement, se releva plein d'insolence envers les hommes qui, au 9 Thermidor, l'avaient sauvé.

La République allait périr; voici l'occasion de la crise: la Constitution de 1791 tomba par suite du décret de la Constituante qui, follement généreuse, avait décidé qu'aucun de ses membres ne pourrait être réélu pour l'assemblée suivante.

La Convention se souvint de cette faute. A la suite de la Constitution de l'an III, parut une première loi, en vertu de laquelle les membres de la Convention devaient former les deux tiers du

Conseil des cinq cents et du Conseil des Anciens.

Une seconde loi décidait que, pour cette fois, un tiers seulement des deux Conseils serait à la nomination des assemblées électorales. Une troisième loi soumettait les deux précédentes, comme inséparables du nouvel acte constitutionnel, à l'acceptation du peuple.

Le parti royaliste réuni à l'étranger, avait compté sur une législature composée de royalistes ou d'anciens patriotes, qu'on pourrait acheter, comme on avait acheté Pichegru. On aurait ainsi détruit la liberté par les droits qu'elle assignait au peuple et qu'il était utile de décréditer aux yeux des gens raisonnables.

A l'apparition des lois additionnelles, ce parti qui sait se servir de l'hypocrisie, se répandit en déclamations républicaines sur la perte de la liberté, enlevée au peuple par la Convention. Quoi ! cette Convention qui n'avait eu d'autre mission que de proposer une constitution, s'avisait d'usurper les pouvoirs du corps électoral ; c'est-à-dire, de la nation elle-même !

Sur les quarante-huit sections qui, à Paris, composaient la garde nationale et avaient chacune un bataillon armé et équipé, cinq seulement voulaient la République ; quarante-trois sections se soulevèrent et se réunirent en assemblées armées et délibérantes.

Au sein de ces assemblées brillèrent Lacretelle jeune, Regnaud de Saint-Jean d'Angely, Vaublanc, Serisy, Laharpe, etc. Les quarante-trois sections rejetèrent les lois additionnelles.

Aux yeux des patriotes, la Constitution de l'an III valait mieux que tous les essais précédents : c'était un grand pas vers le gouvernement qui convenait à la France.

Les comités secrets qui dirigeaient le parti de l'étranger n'attachaient aucune importance à des formes qu'ils ne voulaient pas maintenir.

Ce parti montrait beaucoup d'insolence ; il se voyait à la tête d'une garde nationale forte de quarante mille hommes, armés et habillés, et parmi lesquels on comptait beaucoup d'anciens officiers fort braves et de royalistes éprouvés. On pensait qu'il serait facile de tromper cette garde nationale et de la faire servir au renversement de la République.

La Convention n'avait que trois ou quatre mille hommes à opposer à la garde nationale et ces soldats pouvaient être séduits ; dans ce cas, tous les conventionnels marquant par l'énergie de leurs opinions, pourraient fort bien être mis *hors la loi* et envoyés au supplice : il s'agissait d'une lutte à mort.

Le 23 septembre, la Convention proclama l'acceptation de la Constitution et des lois additionnelles, par la majorité des assemblées primaires de la République.

Le 24, une assemblée d'électeurs, hostiles à la Convention et, suivant nous, à la liberté, se réunit à l'Odéon.

Le 2 octobre (10 Vendémiaire an IV), cette assemblée illégale est dissoute par la force. La guerre commence. La section Lepelletier, qui se réunissait au couvent des Filles Saint-Thomas (auquel a succédé le palais de la Bourse), se montre la plus indignée de la fermeture de l'Odéon ; la Convention ordonne la clôture du couvent et le désarmement de la section.

6.

IV

Le 27 mars 1796, le général Bonaparte arriva à Nice. L'armée active d'Italie comptait quarante-deux mille hommes, dont trente-huit mille présents, en face de l'ennemi. L'armée des Alpes, commandée par Kellermann, occupait la Savoie et les montagnes du Dauphiné vers Briançon. L'ennemi comptait quatre-vingt mille hommes, Autrichiens et Sardes, répandus sur la ligne du Mont-Blanc au golfe de Gênes.

L'armée française était depuis longtemps exposée à des privations horribles ; souvent les vivres manquaient, et ces soldats placés sur les sommets des Alpes et qui se trouvaient huit mois de l'année au milieu des neiges, manquaient de chaussures et de vêtements ; la moitié des soldats venus des Pyrénées après la paix avec l'Espagne, avaient succombé dans les hôpitaux ou sur le champ de bataille. Les Piémontais les appelaient les héros en guenilles. Depuis trois ans, on tirait des coups de fusil en Italie, uniquement parce qu'on était en guerre; mais sans aucun but et comme pour l'acquit de sa conscience. Napoléon trouva à cette armée le général Masséna qui, le 2 novembre précédent et sous le commandement nominal du général Schérer, avait gagné la bataille de Loano sur l'armée autrichienne, commandée par le général Devins; il trouva l'armée placée de la façon la plus ridicule; elle était perchée sur les sommets arides de l'Apennin, depuis Savone jusqu'à Ormea. Ses communications avec la France longeaient le bord de la mer, suivant une ligne parallèle à celle de l'ennemi. Si celui-ci attaquait par sa droite, les communications étaient rompues.

L'armée de Nice avait deux routes pour passer les montagnes et entrer en Italie; l'une traverse la grande chaîne des Alpes, au col de Tende : c'est la grande route de Turin par Coni. L'autre route est le fameux chemin de la Corniche qui, alors, en cent endroits, ne présentait entre d'immenses rochers à pic et la mer, qu'un passage de trois ou quatre pieds de large. Quand cette route s'éloignait de quelques toises de la mer, elle consistait en montées et descentes d'une rapidité extrême. Cette route, alors si incommode, aboutissait au passage de la

Bocchetta. Il y a un troisième chemin qui conduit d'Oneille à Ceva : il est bon pour l'artillerie.

Depuis les opérations dirigées en 1794 par Bonaparte commandant l'artillerie, l'armée d'Italie, maîtresse du col de Tende, aurait pu descendre sur Coni, si elle eût été d'accord avec l'armée des Alpes.

Le peu de pain qu'avait l'armée lui était fourni par des marchands génois. Bonaparte la trouva répartie ainsi qu'il suit :

La division Maquart, forte de trois mille hommes, gardait le col de Tende; la division Serrurier, de cinq mille hommes, occupait la route de Ceva.

Les divisions de Masséna, d'Augereau, de Laharpe, formant trente-quatre mille hommes, se trouvaient aux environs de Loano, Finale et Savone. La division Laharpe poussa son avant-garde sur Voltri, pour effrayer les aristocrates de Gênes et assurer les communications avec cette grande ville, que les soldats nommaient la mère nourricière.

Depuis quatre ans, le quartier général administratif était resté établi commodément à Nice ; le général en chef s'en fit suivre à Albenga, par la route pénible de la Corniche. Cette démarche vive étonna tout le monde et enchanta les soldats. Malgré la misère excessive à laquelle on les laissait en proie, ces jeunes républicains ne respiraient qu'amour de la patrie et des combats. Ils riaient de se voir des habits en lambeaux. Les mandats qu'on donnait aux officiers ne valaient pas dix francs par mois ; ils vivaient et marchaient comme le soldat.

Le général Bonaparte demanda au Sénat de Gênes, en réparation de l'attentat commis dans son port, sur la frégate *la Modeste* prise par les Anglais, qu'il livrât passage à l'armée française, par la ville et par le col de la Bocchetta. A ce prix, il lui promettait d'éloigner pour toujours le théâtre de la guerre de son pays.

L'oligarchie de Gênes qui détestait les Français, se hâta de communiquer leur demande au général en chef autrichien. Cette communication pouvait avoir pour effet d'attirer toute la gauche des Autrichiens au col de la Bocchetta. Ce mouvement qui placerait le gros des forces ennemies aux deux extrémités de leur ligne, à Ceva et vers Gênes, livrerait aux attaques des Français un centre isolé.

Le conseil aulique avait remplacé le général Devins, battu à Loano, par Beaulieu, vieillard presque octogénaire, fameux par son courage et son caractère entreprenant ; mais, d'ailleurs, fort médiocre. Son armée était au grand complet et forte de cinquante mille hommes ; elle était répartie depuis Coni et le pied du col de Tende, jusqu'à la Bocchetta, vers Gênes.

Soit que Beaulieu eût été instruit par le Sénat de Gênes de la demande du général français, soit par hasard, Beaulieu marcha sur Gênes avec le tiers de son armée; il voulait s'emparer de Gênes et se mettre en communication avec Nelson et Jervis, qui se trouvaient dans ces parages avec une escadre anglaise.

Si Beaulieu eût eu la moindre idée de son métier de général en chef, il eût opéré en masse contre la gauche des Français, qui eussent été obligés de retirer en hâte tout ce qu'ils avaient du côté de Gênes.

Ce fut le 10 avril 1796 que commença cette célèbre campagne d'Italie. Beaulieu descendit lui-même l'Apennin par la Bocchetta à la tête de son aile gauche. Bonaparte lui laissa le plaisir de débusquer sa petite avant-garde à Voltri, et pendant ce temps se hâta de rassembler le gros de ses forces contre le centre autrichien, qui s'était avancé de Sassello, sur Montenotte. Ce point était défendu par trois redoutes, connues par le serment que le colonel Rampon fit prêter à la 32ᵉ demi-brigade, au moment où les Autrichiens attaquaient la dernière avec fureur. Au reste, si le général d'Argenteau l'eût emportée et fut descendu jusqu'à Savone, il n'en eût été que plus complétement battu : dans la nuit toutes les forces françaises se portèrent sur ce point.

Le 12 avril, d'Argenteau se vit attaquer de front et à revers, par des forces supérieures ; il fut battu et rejeté sur Dego. L'armée française avait passé l'Apennin. Bonaparte résolut de se tourner contre les Piémontais, pour tâcher de les séparer de Beaulieu ; le général Colli qui les commandait, occupait le camp de Ceva. Le général Provera, placé avec un petit corps autrichien, entre Colli et d'Argenteau, occupait les hauteurs de Cosseria. Bonaparte conduisit contre lui les divisions Masséna et Augereau. Laharpe avait été laissé pour observer Beaulieu, qui eut le tort de se tenir tranquille.

Le 13, la division Augereau força les gorges de Millesimo. Provera, battu et cerné de toutes parts, fut forcé de chercher un refuge dans les ruines du château de Cosseria et mit bas les armes le 14 au matin, avec les quinze cents grenadiers qu'il commandait.

Beaulieu, fort surpris de ce qu'il apprenait, se hâta de courir à Acqui et envoya directement une partie de ses troupes à travers les montagnes, à Sassello. D'Argenteau occupait Dego ; Bonaparte l'y attaqua à la tête des divisions Masséna et Laharpe. Les troupes autrichiennes se battirent fort bien ; mais grâce aux combinaisons du général en chef, les Français étaient supérieurs en nombre. L'ennemi se retira en désordre sur Acqui, en laissant vingt pièces de canon et beaucoup de prisonniers.

Après la bataille gagnée, le général Wukassowich qui accourait par Sassello, avec l'intention de rejoindre d'Argenteau, qu'il croyait encore à Dego, tomba au milieu des Français. Ce brave homme, loin de se décourager, fondit sur la garde des redoutes de Magliani, enleva l'ouvrage et poussa la garnison épouvantée jusqu'à Dego. Les Français furent complétement surpris; mais le brave Masséna, remarquable par la constance qu'il montrait dans les revers, rallia les fuyards et détruisit presque entièrement ce corps de cinq bataillons.

Les Autrichiens battus, le général en chef attaqua de nouveau les Piémontais avec les divisions Augereau, Masséna et Serrurier. Les Piémontais eurent un moment de succès à Saint-Michel, contre la division Serrurier; ils avaient évacué le camp de Ceva et enfin furent rejetés derrière la Stura.

Le 26, les trois divisions françaises se réunirent à Alba. Une dernière bataille pouvait les mettre en possession de Turin, dont ils n'étaient qu'à dix lieues.

Mais Bonaparte n'avait pas de canons de siége, et les siéges ne conviennent nullement au génie des Français; les généraux ennemis ne virent point ces deux idées. Ils se crurent perdus; ils ne virent pas la belle position de la Stura, flanquée à droite par la forteresse importante de Coni, à gauche par Cherasco, qui était à l'abri d'un coup de main. Derrière la Stura, Colli pouvait se faire joindre par mille Piémontais, épars dans les vallées adjacentes et par Beaulieu, à qui il restait bien vingt mille hommes. Il suffisait aux alliés de deux jours de vigueur, d'activité et de résolution, pour que tout fût remis en question. Étaient-ils battus? La place admirable de Turin était là pour recevoir, en cas de revers, une armée battue qui n'en eût pas été encore à sa dernière ressource, puisque l'Autriche ne manquait pas de moyens pour la secourir. Dans tous les cas, Turin était imprenable pour l'armée qui n'avait pas d'équipages de siége.

A peine les Français eurent-ils occupé Alba, que les démocrates piémontais organisèrent un comité régénérateur qui lança des adresses au peuple du Piémont et de la Lombardie, menaçantes pour les nobles et les prêtres, encourageantes pour les peuples.

L'effet surpassa l'attente des Français; le désordre et la terreur furent au comble dans Turin; le roi n'avait dans ses conseils aucun homme supérieur. La cour eut peur des Jacobins piémontais et quoique Beaulieu eût marché d'Acqui sur Nizza, pour se réunir à Colli, elle se crut perdue sans ressource et un aide de camp vint de la part du roi demander la paix au général Bonaparte. Celui-ci fut au comble de ses vœux. Ses espions lui apprirent qu'après les discussions les plus vives, dans lesquelles les ministres du roi et surtout le marquis d'Albarey soutenaient le parti de la guerre, le cardinal Costa archevêque de Turin détermina le roi à la paix.

7

Il est incroyable qu'avant de se livrer à cette démarche précipitée, le roi ne se soit pas rappelé ce que son aïeul Victor-Amédée avait fait en 1706. Si le roi, rappelant des Alpes une partie des troupes du prince de Carignan, eût tenu ferme à Turin, à Alexandrie, à Valence, dont les Français étaient hors d'état d'entreprendre les siéges, il eût été impossible à ceux-ci de faire un pas de plus. Si la coalition eût jugé à propos de faire arriver quelques renforts tirés du Rhin, les Français pouvaient fort bien être chassés d'Italie.

Le génie de Bonaparte privait ses ennemis d'une partie de leur jugement et amena, sans doute, le roi à demander honteusement la paix à une armée qui n'avait ni artillerie, ni cavalerie, ni chaussure. Si l'on suppose, pour un instant, les mêmes avantages remportés par Moreau, Jourdan, ou tout autre général homme médiocre, on verra tout de suite que le roi de Sardaigne ne se fût pas mis à leur discrétion.

Bonaparte n'était pas autorisé à traiter de la paix; mais, par l'armistice de Cherasco, il se fit livrer les places de Coni, d'Alexandrie et de Ceva ; le roi s'engageait à se retirer de la coalition. Bonaparte qui sentait que du roi de Sardaigne uniquement dépendait sa marche sur l'Adige, laissa entrevoir au comte de Saint-Marsan, son envoyé à Cherasco, que loin d'être disposé à renverser les trônes et les autels, les Français sauraient les protéger, même contre les Jacobins du pays, si tel était leur intérêt. Malheureusement le Directoire ne put jamais comprendre cette idée que, pendant un an, Bonaparte lui présenta de toutes les manières.

Il avait fait, en quinze jours, plus que l'ancienne armée d'Italie en quatre campagnes. L'armistice avec le Piémont livrait à ses coups l'armée de Beaulieu et surtout donnait à la sienne une base raisonnable. S'il était battu, il pouvait désormais chercher un refuge sous Alexandrie et si, dans ce cas, le roi violait le traité, il pouvait bien l'en faire repentir, en soutenant les Jacobins piémontais.

Mais comme notre but est moins de faire connaître les choses, que Bonaparte lui-même, nous allons donner son récit de cette campagne brillante ; elle révéla à l'Europe, un homme tout à fait différent des personnages étiolés, que ses institutions vieillies et ses gouvernements, en proie à l'intrigue, portaient aux grandes places.

L'apparition de Napoléon à l'armée, comme général en chef, fit une véritable révolution dans les mœurs ; l'enthousiasme républicain avait autorisé beaucoup de familiarité dans les manières. Le colonel vivait en ami avec ses officiers. Cette habitude peut amener l'insubordination et la perte d'une armée. L'amiral Decrès racontait que ce fut à Toulon

qu'il apprit la nomination du général Bonaparte au commandement de l'armée d'Italie ; il l'avait beaucoup connu à Paris et se croyait en toute familiarité avec lui. « Aussi, quand nous apprenons que le
» nouveau général va traverser la ville, je m'offre
» aussitôt à tous les camarades, pour les présen-
» ter, en me faisant valoir de mes liaisons. J'ac-
» cours, plein d'empressement et de joie; le salon
» s'ouvre, je vais m'élancer, quand l'attitude, le
» regard, le son de voix, suffisent pour m'arrêter.
» Il n'y avait pourtant en lui rien d'injurieux; mais
» c'en fut assez. A partir de là, je n'ai jamais été
» tenté de franchir la distance qui m'avait été
» imposée. »

En prenant le commandement de l'armée d'Italie, Napoléon, malgré son extrême jeunesse et le peu d'ancienneté dans son grade de général de division, sut se faire obéir. Il subjugua l'armée par son génie bien plus que par des complaisances personnelles. Il fut sévère et peu communicatif, surtout envers les généraux; la misère était extrême, l'espérance était morte dans le cœur des soldats; il sut la ranimer ; bientôt il fut aimé d'eux ; alors sa position fut assurée envers les généraux de division.

Sa jeunesse établit un singulier usage à l'armée d'Italie : après chaque bataille, les plus braves soldats se réunissaient en conseil et donnaient un nouveau grade à leur jeune général. Quand il rentrait au camp, il était reçu par les vieilles moustaches qui le saluaient de son nouveau titre. Il fut fait caporal à Lodi : de là, le surnom de *petit caporal*, resté longtemps à Napoléon parmi les soldats.

V

Il convient de jeter un coup d'œil rapide sur ce que les armées françaises faisaient en Allemagne, pendant que Napoléon conquérait l'Italie.

Après que Pichegru eut fait battre exprès une division de son armée, il y eut un armistice. Pichegru se rendit à Paris et se plaignit hautement au Directoire de l'état de dénûment dans lequel on laissait l'armée du Rhin. Le Directoire qui ne voulait pas accoutumer les généraux d'armée à prendre ce ton avec lui, déclara à Pichegru que s'il trouvait le fardeau trop lourd, il pouvait le déposer.

Pichegru se retira, et l'armée qui n'avait aucune connaissance de la trahison de son général, crut qu'il n'avait été sacrifié que pour avoir pris trop chaudement ses intérêts.

Moreau vint remplacer Pichegru à l'armée du

Rhin; l'armistice fut dénoncé; il passa le Rhin et obtint des succès les 9 et 10 juin 1796.

De son côté, l'armée de Sambre-et-Meuse, commandée par Jourdan, après avoir passé le Rhin à Dusseldorf, s'était portée sur la Bohême. Soit timidité naturelle, jalousie pour son collègue, ou défaut d'instructions, Moreau négligea les nombreux passages qui existent sur le Danube, de Donawerth à Ratisbonne. L'archiduc Charles exécuta alors la belle manœuvre qui a fondé sa réputation. Il se déroba à Moreau, franchit le Danube et fit sa conjonction avec les troupes autrichiennes qui se retiraient devant l'armée de Sambre-et-Meuse; il reprit l'offensive, battit Jourdan à Wetzlar le 15 juin 1796, et le poursuivit jusqu'aux bords du Rhin, sans qu'il vînt jamais à la pensée de Moreau d'imiter le mouvement de son adversaire et d'aller au secours de Jourdan.

Au lieu de repasser sur la rive gauche du Danube, de chercher à se rallier à l'armée de Sambre-et-Meuse ou, au moins, d'attaquer l'archiduc d'une façon quelconque, il eut le courage de se mettre en retraite avec sa belle armée qui comptait plus de quatre-vingt mille combattants et, chose singulière et qui prouve bien la valeur de l'opinion publique en France, cette retraite fut à la mode et les gens sages la préférèrent de beaucoup aux batailles de Castiglione et d'Arcole; il est vrai que, comme l'armée de Moreau était très-forte, elle gagna d'abord une bataille en se retirant. Mais plus tard il laissa à l'archiduc le temps de revenir sur lui. A Paris, on avait cru perdue cette armée de quatre-vingt mille hommes, quand tout à coup on apprit qu'elle avait repassé le Rhin sur le pont d'Huningue; l'enthousiasme pour Moreau et sa retraite fut général et dure encore.

Cette manœuvre incroyable fut suivie du siége de Kehl, où les généraux de division Desaix et Gouvion-Saint-Cyr s'immortalisèrent et dont il faut lire les détails admirables dans les mémoires de ce dernier. Jamais il ne vint à l'esprit de Moreau de repasser le Rhin et de se porter rapidement sur les derrières de l'archiduc.

Voilà ce que faisaient les armées de la République dans le Nord, pendant que Napoléon remportait tant de victoires en Italie. Voilà aussi pourquoi l'armée autrichienne du Rhin put envoyer Wurmser et vingt mille hommes d'élite à l'armée autrichienne de l'Adige.

Voilà pourquoi, en mars 1797, elle put envoyer trois divisions et l'archiduc Charles à l'armée autrichienne du Tagliamento.

Dans ce commencement de 1797, le Directoire ne fut-il que malhabile, comme à l'ordinaire, ou redoutant les victoires de Napoléon, évita-t-il sciemment de faire une diversion sur le Rhin?

Quoi qu'il en soit, après des retards inexplicables

pour moi, le Directoire résolut enfin de porter ses armées sur la rive droite du Rhin. Elles passèrent ce fleuve avec hardiesse et elles obtenaient des succès, lorsqu'elles virent accourir des avant-postes autrichiens un officier français en parlementaire. C'était le général Leclerc qui arrivait de Léoben, par l'Allemagne, apportant les préliminaires de paix. Si la renommée de Bonaparte n'eût pas inspiré de crainte pour la liberté, il eût fallu le rappeler d'Italie après le passage des Alpes qui suivit celui du Tagliamento et lui donner le commandement de l'armée du Rhin.

VI

Dès le lendemain de l'armistice de Cherasco, Bonaparte, voulant profiter de l'étonnement du général Beaulieu, se mit en marche avec ses quatre divisions, et les porta sur Alexandrie. De son côté, Beaulieu, après avoir repassé le Pô au pont de Valence qu'il coupa, y prit position avec ses principales forces. Le général français avait eu soin de faire insérer dans l'armistice avec le roi de Sardaigne qu'il lui serait loisible de passer le Pô dans les environs de Valence; cette ruse si simple lui réussit à merveille. Fidèle à l'antique système de guerre, Beaulieu se figura que les Français ne manqueraient pas de l'attaquer de front sur le Tessin, tandis qu'ils pouvaient agir sur ses derrières et, par là, gagner beaucoup de pays. Afin de l'entretenir dans cette idée, un détachement fit mine de passer le Pô à Cambio ; pendant ce temps l'armée filait rapidement par sa droite.

Napoléon conduisait lui-même son avant-garde, et le 7 mai il arriva à Plaisance ; les divisions, disposées en échelons, se suivaient de près. Il fallait brusquer l'entreprise, car cette marche était dangereuse. Ce n'était rien moins qu'une *marche de flanc* ; il est vrai que Napoléon était couvert par un grand fleuve ; mais Beaulieu pouvait avoir des pontons et tomber sur la partie de l'armée qui était à Plaisance, ou sur la division qui formait le dernier échelon. Ce fut le début du jeune général dans les opérations de grande guerre.

Le Pô est presque aussi large que le Rhin, et l'armée ne possédait aucun moyen de le passer. Il n'était pas question de construire un pont. Il faut répéter qu'on n'avait aucun moyen, dans aucun genre.

Ce dénûment complet entretenait les fausses idées du général Beaulieu, et il prenait en pitié la témérité du général français.

Des officiers envoyés sur le fleuve arrêtèrent tous les bateaux qu'ils purent trouver à Plaisance et dans les environs. On les réunit, et le chef de brigade Lannes passa le premier avec une avant-garde de sept cents hommes ; les Autrichiens n'avaient sur l'autre rive que deux escadrons. Ils furent aisément culbutés et le passage continua sans obstacle, quoique très-lentement. Si Bonaparte avait eu un équipage de pont, c'en était fait de l'armée ennemie.

Beaulieu informé, enfin, du mouvement des Français sur Plaisance, manœuvra pour s'y opposer. Mais au lieu de se porter avec vigueur contre la partie de l'armée française qu'il aurait trouvée sur la rive gauche du Pô, ce vieux général ne prit que des demi-mesures. Il eut l'idée d'étendre sa gauche vers l'Adda, sans abandonner pour cela la ligne du Tessin, où il laissa sa droite.

Le 8 mai, le général Liptay qui commandait sa gauche, vint s'établir à Fombio, en face de l'avant-garde française.

Il était possible que toute l'armée autrichienne suivît de près Liptay; il fallait donc attaquer ce dernier sans nul délai. Cette attaque importante fut conduite avec vigueur; le colonel Lannes s'y distingua extrêmement; il y montra cette impétuosité, cette opiniâtreté qui, réunies à l'art de faire mouvoir de grandes masses qu'il acquit plus tard finiront par faire de lui un des premiers généraux de l'armée. Liptay fut défait, séparé de Beaulieu et rejeté sur Pizzighetone.

Dans la nuit qui suivit cette affaire, Beaulieu arriva sur le terrain où son lieutenant venait d'être battu; ses coureurs empressés d'opérer la jonction, se présentèrent à Codogno qu'occupait le général

Laharpe avec sa division ; il les repoussa facilement, puis sortit peu accompagné, pour aller reconnaître la force du corps ennemi. Comme il revenait, ses soldats firent feu dans l'obscurité et tuèrent leur général : ils furent au désespoir.

Toujours fidèle aux anciennes maximes de guerre, Beaulieu avait éparpillé le corps qu'il amenait ; déconcerté par la présence de forces supérieures, il sentit qu'il ne lui restait d'autre parti à prendre que de concentrer toute son armée vers Lodi, où il avait un pont sur l'Adda. Sa droite, qui était encore sur Pavie, eût été tout entière prisonnière de guerre, si les Français eussent eu des pontons. Cette droite courut passer l'Adda à Cassano, derrière Milan.

Bonaparte pouvait s'emparer de cette grande ville, ce qui eût produit un bel effet à Paris, mais il trouva plus raisonnable de faire une pointe sur Lodi avec les grenadiers réunis et les divisions Masséna et Augereau ; il garda sa droite et sa gauche avec les deux autres divisions de son armée.

Le 10 mai, il arriva devant Lodi : Beaulieu s'était déjà retiré à Crema, mais il avait laissé le général Sebottendorf, avec dix mille hommes, pour défendre les bords de l'Adda. Les Autrichiens ne crurent pas nécessaire de détruire le pont de Lodi qui, long de cinquante toises, était défendu par vingt pièces de canon et par dix mille hommes.

Bonaparte connaissait son armée ; rien ne pouvait être au-dessus de la bravoure de ces jeunes patriotes ; il voulut leur donner la gloire d'une action qui retentirait en Europe.

Il résolut de passer de vive force le pont de Lodi ; il s'y détermina d'autant plus facilement que s'il était repoussé, il n'aurait à regretter que quelques centaines d'hommes ; cet échec ne pouvait avoir la moindre influence sur le reste de la campagne.

Il fit débusquer rapidement un bataillon et quelques escadrons ennemis qui occupaient la ville de Lodi ; en les poursuivant vivement, les Français arrivèrent jusqu'au pont situé immédiatement en dehors et à l'orient de la ville, à quelques pas du mur d'enceinte : les travailleurs ennemis n'eurent pas le temps de le couper.

Le soir, vers les cinq heures, Napoléon forma ses grenadiers en colonne serrée derrière le rempart et les lança sur le pont. Cette masse, assaillie par une grêle de mitraille, éprouva un moment d'hésitation ; les généraux se précipitèrent à sa tête et l'enlevèrent par leur exemple. Pendant le moment d'hésitation, quelques soldats s'étaient glissés par les piles du pont dans une île qui se trouvait au milieu de la rivière ; ils coururent au second bras de l'Adda qu'ils trouvèrent guéable, montèrent sur la rive opposée, et se répandirent en tirailleurs dans la plaine, faisant mine de tourner la ligne autrichienne.

A ce moment la masse des grenadiers passait le pont au pas de charge ; ils culbutent tout, s'emparent des batteries ennemies et dispersent les bataillons autrichiens placés à cent pas plus loin.

Le général ennemi se replia sur Crema, avec perte de quinze pièces de canon et deux mille hommes hors de combat.

Cette affaire que tout le monde pouvait comprendre, même les non-militaires, frappa le public par son extrême audace. En un mois, le *passage du pont de Lodi* fut aussi célèbre en Allemagne et en Angleterre, qu'en France. Une grossière estampe en bois qui représente ce pont célèbre, avec des personnages plus grands que le pont, se trouve encore aujourd'hui dans les *gast-haus*, des petites villes les plus reculées du nord de l'Allemagne.

Les conséquences immédiates du combat de Lodi furent l'occupation de Pizzighetone, qui se laissa effrayer par un grand feu d'artillerie et la retraite de Beaulieu vers le Mincio.

Bonaparte ne le poursuivit point. Il est vrai que depuis un mois ses troupes étaient sans cesse en mouvement ; elles manquaient de toutes choses, surtout de chaussures et d'habits. Cependant, il n'eût pas été absolument impossible de leur faire faire huit marches de plus. Il semble qu'il fallait à tout prix essayer de surprendre Mantoue, que les Autrichiens n'avaient songé à armer et à approvisionner que depuis l'armistice de Cherasco. Il est vrai que, le lendemain du combat de Lodi, Beaulieu avait fait couvrir la place par des inondations ; mais pour une capture d'une telle importance, tout devait être hasardé, excepté la perte d'une bataille; or Beaulieu n'était plus en état de gagner une bataille. Sa seule cavalerie était encore à craindre. L'armée française ne hasardait donc qu'une marche inutile de Crémone à Mantoue, et ces deux villes ne sont distantes que de treize lieues.

Je sais que lorsque l'on n'a pas une connaissance personnelle de tout ce qui se passait dans une armée, il est téméraire de blâmer un général de ne pas avoir osé entreprendre telle marche ou telle manœuvre qui, de loin, semble facile. Souvent, il y avait un obstacle invincible dont le général s'est bien gardé de parler pour ne pas décourager son armée ou augmenter la hardiesse de l'ennemi. Mais pendant huit mois et demi, Mantoue fut la pensée dominante du général français, et l'on va voir ce qu'elle fut sur le point de lui coûter.

Comme mon but est de faire connaître Napoléon plus que les événements, je crois ne pas devoir priver le lecteur du récit qu'il a donné lui-même des opérations militaires qui suivirent l'armistice de Cherasco. J'ai arrangé le sommaire que l'on vient de lire, de façon à ce qu'il y eût le moins de répétitions qu'il était possible.

VII

J'avouerai au lecteur que j'ai renoncé à toute noblesse de style. Afin de donner une idée de la misère de l'armée, le lecteur me permettra-t-il de raconter celle d'un lieutenant de mes amis ?

M. Robert[1], un des plus beaux officiers de l'armée, arriva à Milan le 15 mai au matin et fut engagé à dîner par la marquise A..., pour le palais de laquelle il avait reçu un billet de logement. Il fit une toilette très-soignée, mais il n'avait absolument pas de souliers ; il avait, comme de coutume, quand il entrait dans les villes, des empeignes assez bien cirées par son chasseur ; il les attacha soigneusement avec de petites cordes ; mais il y avait absence complète de semelles. Il trouva la marquise si belle, et eut tant

---

1. Voir la *Chartreuse de Parme*, 2ᵉ édition, page 71.

de crainte que sa pauvreté n'eût été aperçue par les laquais en magnifique livrée qui servaient à table, qu'en se levant il leur donna adroitement un écu de six francs : c'était tout ce qu'il possédait au monde.

M. Robert m'a juré qu'entre les trois officiers de sa compagnie, ils n'avaient qu'une paire de souliers passable, conquise sur un officier autrichien, tué à Lodi, et dans toutes les demi-brigades on était de même.

Ce qu'il y a de sûr, c'est qu'on aurait peine aujourd'hui à se faire une idée du dénûment et de la misère de cette ancienne armée d'Italie. Les caricatures les plus grotesques, fruit du génie inventif de nos jeunes dessinateurs, restent bien au-dessous de la réalité. Une réflexion peut suffire : les riches de cette armée avaient des assignats, et les assignats n'avaient aucune valeur en Italie.

Me permettra-t-on des détails encore plus vulgaires ? Mais, en vérité, je ne saurais comment rendre ma pensée par des équivalents. Deux officiers, l'un chef de bataillon et l'autre lieutenant, tous deux tués à la bataille du Mincio, en 1800, n'avaient entre eux deux, lors de l'entrée à Milan, en mai 1796, qu'un pantalon de casimir noisette et trois chemises. Celui qui ne portait pas le pantalon prenait une redingote d'uniforme croisée sur la poitrine qui, avec un habit, formait toute leur garderobe ; et encore ces deux vêtements étaient raccommodés en dix endroits et de la façon la plus misérable.

Ces deux officiers ne reçurent, pour la première fois, de la monnaie métallique qu'à Plaisance ; ils eurent quelques pièces de sept sous et demi de Piémont (*selte mezzo*), avec lesquelles ils se procurèrent le pantalon noisette. Ils jetèrent dans l'Adda la culotte précédente, qui était de satin ; celui qui ne la portait pas, était en caleçon et en redingote.

Je supprime d'autres détails de ce genre ; ils seraient peu croyables aujourd'hui ; rien n'égalait la misère de l'armée, que son extrême bravoure et sa gaîté. C'est ce que l'on comprendra aisément, si on veut bien se rappeler que, soldats et officiers, tous étaient de la première jeunesse. L'immense majorité appartenait au Languedoc, au Dauphiné, à la Provence, au Roussillon. Il n'y avait d'exception que pour quelques hussards de Berchiny, que le brave Stengel avait amenés d'Alsace. Souvent les soldats, en voyant passer leur général qui était si fluet et avait l'air si jeune, remarquaient que, cependant, il était leur aîné à tous. Or, en mai 1796, lors de son entrée à Milan, Napoléon, né en 1769, avait vingt-six ans et demi.

A voir ce jeune général passer sous le bel arc-de-triomphe de la *Porta Romana*, il eût été difficile, même pour le philosophe le plus expérimenté, de deviner les deux passions qui agitaient son cœur : c'étaient l'amour le plus vif, exalté jusqu'à la folie par la jalousie, et la haine provoquée par les apparences de la plus noire ingratitude et de la stupidité la plus plate.

Le général en chef devait organiser les pays conquis ; l'armée y avait des amis chauds et des ennemis furieux ; mais, par malheur, il fallait compter parmi ces derniers la plupart des prêtres séculiers et tous les moines. En revanche, la bourgeoisie et une bonne partie de la noblesse étaient fort disposées à aimer la liberté. Trois ou quatre ans plus tôt, avant les horreurs de 1793, toute la Lombardie était enthousiaste des réformes de la liberté française. Le temps commençait à faire oublier les crimes et depuis deux mois c'était par peur de cette liberté et en la maudissant, dans chaque proclamation, que le gouvernement de leur archiduc vexait les bons Milanais. Or, il faut savoir que les Milanais méprisaient souverainement ce prince, qui n'avait d'autre passion que celle de faire le commerce du blé, et souvent les spéculations de Son Altesse occasionnaient des disettes.

C'est un peuple ainsi préparé que l'archiduc voulait enflammer pour la maison d'Autriche ! Il est amusant de voir le despotisme malheureux avoir recours à la raison et au sentiment. L'entrée des Français dans Milan fut un jour de fête pour les Milanais comme pour l'armée.

Depuis Montenotte, le peuple lombard hâtait de tous ses vœux les victoires des Français ; bientôt il se prit pour eux d'une passion qui dure encore. Bonaparte trouva une garde nationale nombreuse, habillée aux couleurs lombardes ; vert, blanc et rouge, et formant la haie sur son passage. Il fut touché de cette preuve de confiance en ses succès. Que fussent devenus ces pauvres gens si l'Autriche eût reconquis la Lombardie ?

Où M. de Thugut eût-il trouvé des cachots assez profonds pour ceux qui s'étaient habillés, pour les tailleurs, pour les marchands de drap, etc., etc. ? Ce qui donna beaucoup d'espoir aux généraux français, c'est que cette belle garde nationale était commandée par l'un des plus grands seigneurs du pays, M. le duc Serbelloni. Les vivats faisaient retentir les airs, les plus jolies femmes étaient aux fenêtres ; dès le soir de ce beau jour, l'armée française et le peuple de Milan furent amis.

L'égalité que le despotisme met parmi ses sujets avait rapproché le peuple et la noblesse. D'ailleurs, la noblesse italienne vivait bien plus avec le *Tiers-État*, que celle de France ou d'Allemagne ; elle n'était point séparée des bourgeois par des priviléges odieux : les preuves de noblesse, par exemple, qu'il fallait produire, en France, pour devenir officier[1]. Il n'y

---

1. Ordonnance de M. de Ségur en 1784.

avait point de service militaire à Milan ; les Lombards payaient un impôt pour en être exempts. Enfin, la noblesse de Milan était fort éclairée. Elle comptait dans son sein les Beccarria, les Verri, les Melzi, et cent autres moins célèbres, mais aussi instruits. Le peuple milanais est naturellement bon, et l'armée en eut une preuve singulière dans ce premier moment ; beaucoup de curés de campagne fraternisèrent avec les soldats. Dès le lendemain, ils en furent sévèrement réprimandés par leurs chefs.

Ce fut au moment où Napoléon quittait Lodi, pour faire à Milan cette entrée triomphante, qu'il reçut du Directoire un ordre qui fait peu d'honneur au directeur Carnot, chargé du mouvement des troupes : l'armée devait être divisée en deux : Kellermann, avec une moitié dite *armée d'Italie,* observerait les Autrichiens sur le Mincio ; Bonaparte, avec vingt-cinq mille hommes qui formeraient l'*armée du Midi*, se porterait sur Rome et au besoin sur Naples. Un traître n'eût pu donner un ordre plus favorable aux intérêts de la coalition. Comment le Directoire ne comprit-il pas que les troupes françaises allaient avoir à combattre sur l'Adige toutes les forces de la maison d'Autriche ? Qu'était-ce que la possession de Milan, tant qu'on n'avait pas Mantoue ? En quinze jours, un général, même beaucoup plus habile que Kellermann, eût été ramené à la Bocchetta. Diviser l'armée, n'était-ce pas amener la nécessité d'une seconde bataille de Fornoue?

Qu'on juge de ce qui dut se passer dans cette âme de feu, à la réception d'un ordre si étrange! Le jeune général répondit par la lettre suivante :

Au quartier général à Lodi, le 25 floréal an IV
(14 mai 1796).

« Au Directoire exécutif,

» Citoyens directeurs,

» Je reçois à l'instant le courrier parti le 18 de
» Paris. Vos espérances sont réalisées, puisqu'à
» l'heure qu'il est, toute la Lombardie est à la Répu-
» blique. Hier, j'ai fait partir une division pour cer-
» ner le château de Milan. Beaulieu est à Mantoue
» avec son armée; il a inondé tout le pays environ-
» nant; il y trouvera la mort, car c'est le plus mal-
» sain de l'Italie[1].

» Beaulieu a encore une armée nombreuse; il a
» commencé la campagne avec des forces supé-
» rieures; l'Empereur lui envoie dix mille hommes
» de renfort, qui sont en marche. Je crois très-impo-

---

1. Phrase du style révolutionnaire, nécessaire en ce temps-là; le peuple était en colère, et c'est pour cela qu'il était fort.

» litique de diviser en deux l'armée d'Italie ; il
» est également contraire aux intérêts de la Ré-
» publique d'y mettre deux généraux diffé-
» rents.

» L'expédition sur Livourne, Rome et Naples est
» très-peu de chose : elle doit être faite par des di-
» visions en échelons, de sorte que l'on puisse, par
» une marche rétrograde, se trouver en force contre
» les Autrichiens et menacer de les envelopper, au
» moindre mouvement qu'ils feraient. Il faudra
» pour cela non-seulement un seul général, mais en-
» core que rien ne le gêne dans sa marche et dans
» ses opérations. J'ai fait la campagne sans consulter
» personne, je n'eusse rien fait de bon s'il eût fallu
» me concilier avec la manière de voir d'un autre.
» J'ai remporté quelques avantages sur des forces
» supérieures et dans un dénûment absolu de tout,
» parce que persuadé que votre confiance se repo-
» sait sur moi, ma marche a été aussi prompte que
» ma pensée.

» Si vous m'imposez des entraves de toute espèce;
» s'il faut que je réfère de tous mes pas aux com-
» missaires du gouvernement ; s'ils ont droit de
» changer mes mouvements, de m'ôter ou de m'en-
» voyer des troupes, n'attendez plus rien de bon. Si
» vous affaiblissez vos moyens en partageant vos for-
» ces ; si vous rompez en Italie l'unité de la pensée
» militaire, je vous le dis avec douleur, vous aurez

» perdu la plus belle occasion d'imposer des lois à
» l'Italie.

» Dans la position des affaires de la République en
» Italie, il est indispensable que vous ayez un géné-
» ral qui ait entièrement votre confiance : si ce n'é-
» tait pas moi je ne m'en plaindrais pas ; mais je
» m'emploierais à redoubler de zèle, pour mériter
» votre estime, dans le poste que vous me confieriez.
» Chacun a sa manière de faire la guerre ; le général
» Kellermann a plus d'expérience et la fera mieux
» que moi : mais tous les deux ensemble nous la
» ferons fort mal.

» Je ne puis rendre à la patrie des services essen-
» tiels qu'investi entièrement et absolument de votre
» confiance. Je sens qu'il faut beaucoup de cou-
» rage pour vous écrire cette lettre, il serait si facile
» de m'accuser d'ambition et d'orgueil ! Mais je vous
» dois l'expression de tous mes sentiments, à vous
» qui m'avez donné, dans tous les temps, des témoi-
» gnages d'estime que je ne dois pas oublier. . .
. . . .

» Le parti que vous prendrez dans cette circons-
» tance est plus décisif pour les opérations de la
» campagne, que quinze mille hommes de renfort,
» que l'Empereur enverrait à Beaulieu.

» BONAPARTE. »

Comme dans tout ce qui va suivre, la Lombardie et Milan seront les bases morales sur lesquelles le général Bonaparte appuiera ses opérations, j'ose espérer que le lecteur me permettra d'arrêter un instant son attention sur ce beau pays.

En mai 1796, lors de l'entrée des Français, la population de Milan ne s'élevait guère à plus de cent vingt mille habitants.

On avait eu soin de faire savoir aux soldats et ils se répétaient entre eux, que cette ville avait été fondée par les Gaulois d'Autun, l'an 580, avant Jésus-Christ ; que souvent elle avait été opprimée par les Allemands, et qu'en combattant contre eux pour la liberté, elle avait été détruite trois fois.

Le peuple de cette ville était alors le plus doux de toute l'Italie. Les bons Milanais, occupés à jouir des plaisirs de la vie, ne haïssaient personne au monde ; en cela bien différents de leurs voisins de Novare, de Bergame et de Pavie. Ceux-ci ont été civilisés depuis par dix-sept années d'une administration raisonnable et non taquine. L'habitant de Milan ne faisait jamais de mal inutile. L'Autriche ne possédait cette ville aimable et la Lombardie, que depuis 1714 et, chose qui paraîtra bien étonnante aujourd'hui, elle n'avait point cherché à hébéter ce peuple et à le réduire aux appétits physiques.

L'impératrice Marie-Thérèse avait administré la

Lombardie d'une façon raisonnable et vraiment paternelle. Elle avait été admirablement secondée par le gouverneur général, comte de Firmian, lequel, loin de jeter en prison ou d'exiler les premiers hommes du pays, écoutait leurs avis, les discutait et savait les suivre. Le comte de Firmian vivait avec le marquis Beccaria (l'auteur du *Traité des délits et des peines*), avec le comte Verri, le père Frisi, le professeur Parini, etc., etc. Ces hommes illustres cherchèrent de bonne foi à appliquer à la Lombardie ce qu'on savait, en 1770, des règles de l'économie politique et de la législation.

Le bon sens et la bonté de la société milanaise respirent dans l'*Histoire de Milan*, du comte Pietro Verri. On ne publiait point de tels ouvrages en France vers 1780, et surtout la France n'était point administrée comme la Lombardie. On a trop oublié, au milieu de notre bonheur actuel, toutes les persécutions que Turgot eut à souffrir, pour avoir voulu introduire dans l'administration des communes de France et dans celle des douanes intérieures, de province à province, quelques-unes des règles dont le comte de Firmian et le marquis Beccaria faisaient les bases de leur administration en Lombardie. On peut dire qu'en ce pays le despotisme était exercé par les hommes les plus éclairés, et cherchait réellement le plus grand bien des sujets ; mais dans les commencements on n'était pas accoutumé à cette mansuétude du despotisme qui, depuis 1530 et Charles-Quint, avait toujours été si féroce à Milan [1].

Le triomphe de Beccaria n'était pas sans dangers; il craignait toujours et avec raison, d'être envoyé dans le Spielberg du temps. Il résulte de cet ensemble de faits que, comme il n'y avait point d'abus atroces en Lombardie, vers 1796, il n'y eut pas lieu à une réaction sanguinaire, à une terreur de 1793.

Il faut avouer que le despotisme s'est éclairé; il se trompait en employant à Milan des hommes tels que Beccaria et Parini [2]. C'est aux sages conseils du premier, c'est à l'excellente éducation donnée par le second à toute la noblesse et à la riche bourgeoisie, c'est à leur sage administration que le peuple milanais dut de pouvoir comprendre ce qu'il y avait de sincère dans les proclamations du général Bonaparte. Il vit tout de suite qu'on n'avait pas à craindre, avec le jeune général, de voir la guillotine élevée en permanence sur les places publiques, ainsi que l'annonçaient les partisans de l'Autriche. J'ai oublié de dire que le despotisme ayant eu peur,

---

1. Voir les terreurs de Beccaria dans ses lettres.—Voir dans les *Sposi promessi* de M. Manzoni, la description du gouvernement de Milan en 1628.
2. Voir les Vies de Beccaria, de Custodi, de Frisi, dans les *Vies de cent Italiens illustres* de M. Betoni.

8.

en 1793, avait repris toutes ses anciennes allures et s'était fait détester.

L'enthousiasme fut donc sincère et général dans les premiers temps ; quelques nobles, quelques prêtres, élevés en dignité, firent seuls exception. Plus tard l'enthousiasme diminua : on en a vu la cause dans l'extrême pauvreté de l'armée. Le bon peuple milanais ne savait pas que la présence d'une armée, même libératrice, est toujours une grande calamité.

Il n'y a d'exception que pour les jolies femmes, qui sont guéries du *mal de l'ennui*. Or, une armée, toute de jeunes gens et dans laquelle personne n'avait d'ambition, était admirablement disposée pour faire tourner les têtes. Il se trouva, par un hasard qui ne se renouvelle qu'à de longs intervalles, qu'il y avait alors à Milan douze ou quinze femmes de la beauté la plus rare, et telles qu'aucune ville d'Italie n'a présenté de réunion pareille depuis quarante ans.

Écrivant après ce long intervalle de temps, j'ai l'espoir, hélas ! trop fondé, de ne choquer aucune convenance, en plaçant ici un souvenir affaibli de quelques-unes de ces femmes charmantes, que nous rencontrions au *Casin della Città* et plus tard au bal de la *casa Tanzi*.

Par bonheur, ces femmes si belles et dont les étrangers peuvent trouver quelque idée dans la forme des têtes des *Hérodiades* de Léonard de Vinci, ne possédaient aucune instruction ; mais, en revanche, la plupart avaient infiniment d'esprit et un esprit très-romanesque.

Dès les premiers jours, on ne s'occupa dans l'armée que de la folie étrange où était tombé le général qui lui transmettait tous les ordres du général en chef et qui passait alors pour son favori[1]. La belle princesse Visconti avait essayé, dit-on, de faire perdre la tête au général en chef lui-même ; mais s'étant aperçue à temps que ce n'était pas chose facile, elle s'était rabattue sur le second personnage de l'armée et il faut avouer que son succès avait été complet. Cet attachement a été le seul intérêt de la vie du général Berthier, jusqu'à sa mort arrivée dix-neuf ans plus tard, en 1815.

On cita bientôt beaucoup d'autres folies moins durables, sans doute, mais tout aussi vives. Il faut se rappeler encore une fois qu'à cette époque personne, dans l'armée, n'avait d'ambition et j'ai vu des officiers refuser de l'avancement pour ne pas quitter leur régiment ou leur maîtresse. Que nous sommes changés ! Où est la femme maintenant qui oserait prétendre même à un moment d'hésitation ?

On citait alors à Milan, parmi les beautés, mesdames Ruge, femme d'un avocat devenu plus tard l'un

---

1. Nous avons appris cette histoire dans la biographie universelle, tome 58, article Alexandre Berthier.

des Directeurs de la République, Pietra Grua Marini, femme d'un médecin; la comtesse Are... son amie, et qui appartenait à la plus haute noblesse; madame Monti, romaine, femme du plus grand poëte de l'Italie moderne; madame Lambert qui avait été distinguée par l'empereur Joseph II, et qui quoique déjà d'un certain âge, offrait encore le modèle des grâces les plus séduisantes et pouvait rivaliser, en ce genre, avec madame Bonaparte elle-même. Et, pour finir par l'être le plus séduisant et les plus beaux yeux que l'on ait jamais vus, peut-être, il faut citer madame Gherardi de Brescia, sœur des généraux Lecchi et fille de ce fameux comte Lecchi[1], de Brescia, dont les folies d'amour et de jalousie ont été remarquées même à Venise.

C'est lui qui, une fois, à Pâques, se revêtit du capuchon et de la barbe d'un capucin, en odeur de sainteté, et acheta la permission de se cacher dans son confessionnal, afin d'y entendre la marquise C... sa maîtresse. C'est lui qui, se trouvant enfermé sous les *plombs* à Venise, en punition des folies insignes qu'il avait faites pour la marquise C..., consigna six mille sequins dans les mains du geôlier,

---

1. Les anecdotes sur le comte Lecchi, ont été imprimées, à peu près dans les mêmes termes, mais sous le nom du comte Viteleschi, dans *Rome, Naples et Florence*, 3e édition, T. 1, pages 80 à 92. Pour ne pas scinder ce fragment, il m'a paru convenable de la reproduire intégralement.   R. C.

lequel, à cette condition, lui donna la liberté pour trente-six heures. Ses amis lui avaient préparé des relais; il courut à Brescia, où il arriva un jour de fête en hiver, à trois heures après midi, comme tout le monde sortait de vêpres. Là, en présence de toute la ville, il tira un coup de tromblon au marquis N.... qui lui avait joué un mauvais tour et le tua.

Il repartit en toute hâte pour Venise et rentra sans différer, dans sa prison. Trois jours après il fit solliciter une audience auprès du sénateur chef de la justice criminelle; il l'obtint et se plaignit amèrement de la cruauté inouïe du geôlier à son égard.

Le grave sénateur, après l'avoir écouté, lui donna communication de l'étrange accusation d'assassinat que la *Quarantia* criminelle venait de recevoir contre lui.

— Votre Excellence voit la rage de mes ennemis, répliqua le comte Lecchi, avec une modestie parfaite. Elle sait trop où j'étais il y a huit jours.

Enfin, le comte eut cette gloire si précieuse pour un noble de terre ferme, de tromper l'admirable police du sénat de Venise, et il revint triomphant à Brescia d'où quelques jours après il passa en Suisse.

La comtesse Gherardi, fille du comte Lecchi, avait peut-être les plus beaux yeux de Brescia, le pays des beaux yeux. Elle joignait à tout le génie de son père une douce gaieté, une simplicité réelle, et que n'altéra jamais le moindre soupçon d'artifice.

Toutes ces femmes d'une ravissante beauté, n'auraient manqué pour rien au monde de paraître chaque soir au *Corso*, qui se tenait alors sur la bastion de la Porte-Orientale. C'est un ancien rempart espagnol, élevé d'une quarantaine de pieds au-dessus de la plaine verdoyante qui ressemble à une forêt, et planté de marronniers par le comte Firmian.

Du côté de la ville, ce rempart domine des jardins et au-dessus des grands arbres de celui qui, depuis, a été appelé la *Villa Bonaparte*, s'élève cet admirable dôme de Milan, construit de marbre blanc, en forme de filigrane. Ce dôme hardi n'a de rival dans le monde que celui de Saint-Pierre de Rome et il est plus singulier.

La campagne des environs de Milan, vue des remparts espagnols qui, dans une plaine aussi unie, forment une élévation considérable, est tellement couverte d'arbres, qu'elle présente l'aspect d'une forêt touffue, dans laquelle l'œil ne saurait pénétrer. Par delà cette campagne, image de la plus étonnante fertilité, s'élève à quelques lieues de distance, l'immense chaîne des Alpes, dont les sommets restent couverts de neige, même dans les mois les plus chauds. Du bastion de la Porte-Orientale, l'œil parcourt cette longue chaîne, depuis le mont Viso et le mont Rose, jusqu'aux montagnes de Bassano. Les parties les plus rapprochées, quoique distantes de douze ou quinze lieues, semblent à peine à trois lieues. Ce contraste de l'extrême fertilité d'un bel été, avec des montagnes couvertes d'une neige éternelle, frappait d'admiration les soldats de l'armée d'Italie qui, pendant trois ans, avaient habité les rochers arides de la Ligurie. Ils reconnaissaient avec plaisir ce mont Viso, qu'ils avaient vu si longtemps au-dessus de leurs têtes, et derrière lequel maintenant ils voyaient le soleil se coucher. Le fait est que rien ne saurait être comparé aux paysages de la Lombardie. L'œil enchanté parcourt cette admirable chaîne des Alpes pendant un espace de plus de soixante lieues, depuis les montagnes au-dessus de Turin, jusqu'à celle de Cadore dans le Frioul. Ces sommets âpres et couverts de neige forment un admirable contraste avec les sites voluptueux de la plaine et des collines, qui sont sur le premier plan et semblent dédommager de la chaleur extrême, à laquelle on vient chercher un soulagement, sur le bastion de la Porte-Orientale. Sous cette belle lumière de l'Italie, le pied de ces montagnes, dont les sommets sont couverts de neige d'une blancheur si éclatante, paraît d'un blond foncé : ce sont absolument les paysages du Titien. Par l'effet de la pureté de l'air auquel, nous gens du Nord, nous n'étions pas accoutumés, on aperçoit avec tant de netteté les maisons de campagne bâties sur les derniers versants des Alpes, du côté de l'Italie, qu'on croirait n'en être éloigné que de deux ou trois lieues. Les gens du pays faisaient remarquer aux jeunes Français ravis de ce spectacle, la Scie de Lecco (le *Rezegon de Lek*) et plus loin, toujours vers l'Orient, le grand espace vide, formant échancrure dans les montagnes, occupé par le lac de Garde. C'est de ce point de l'horizon que les Milanais, réunis sur le bastion de la Porte-Orientale, entendirent venir avec tant d'anxiété, deux mois plus tard, le bruit du canon de Lonato et de Castiglione ; c'était leur sort qui se décidait. Non-seulement, il s'agissait de la destinée de toutes les institutions qui, à cette époque, formaient leurs espérances passionnées ; mais encore chacun d'eux pouvait se dire: dans quelle prison d'État serai-je jeté, si les Autrichiens reviennent à Milan ?

A cette époque, leur passion pour les Français était au comble et ils avaient pardonné à l'armée toutes ses réquisitions.

Mais, pour revenir au *Corso* de Milan, dont l'admirable situation nous a entraîné dans ces descriptions, il faut savoir qu'en Italie il serait de la dernière indécence de manquer à la promenade en voiture, que l'on appelle le *Corso*, et pour laquelle la bonne compagnie se donne rendez-vous chaque jour. Toutes les voitures se rangent à la file, après avoir fait une fois le tour du *Corso*, et restent ainsi une demi-heure. Les Français ne pouvaient revenir de l'étonnement que leur causait ce genre de promenade sans mouvement. Les plus jolies femmes venaient au *Corso* dans des voitures fort peu élevées au-dessus de terre, nommées *bastardelles*, et qui permettent fort bien la conversation avec les promeneurs à pied. Après une demi-heure de conversation, toutes ces voitures se remettent en mouvement à la nuit tombante (à l'*Ave Maria*), et, sans descendre, les dames viennent prendre des glaces au café le plus célèbre ; c'était alors celui de la *Corsia de Servi*.

Dieu sait si les officiers de cette jeune armée manquaient de se trouver, à l'heure du *Corso*, sur le bastion de la porte orientale. Les officiers de l'état-major brillaient, parce qu'ils étaient à cheval et s'arrêtaient auprès des voitures des dames. Avant l'arrivée de l'armée, on ne voyait jamais que deux rangs de voitures au *Corso* ; de notre temps on en vit toujours quatre files, occupant toute la longueur de la promenade, et quelquefois six. C'était au centre de ces six rangs de voitures, que celles qui arrivaient faisaient leur tour unique au très-petit trot.

Les officiers d'infanterie qui ne pouvaient pénétrer dans ce dédale maudissaient les officiers à cheval et, plus tard, allaient s'asseoir devant le café à la mode ; là, ils pouvaient parler aux dames de leur connaissance, pendant qu'elles prenaient des glaces. La plupart, après ce moment de conversation, retournaient pendant la nuit à leurs cantonnements, quelquefois distants de cinq ou six lieues.

Aucune récompense, aucun avancement n'eût été comparable, pour eux, à ce genre de vie si nouveau. De Milan ils rejoignaient leur cantonnement dans une *sediole* qui leur avait été prêtée par quelque ami. La *sediole* est une voiture à deux roues très-hautes, emportée au grand trot par un cheval maigre qui fait souvent trois lieues à l'heure.

Ces courses que les officiers faisaient sans permission, mettaient au désespoir l'état-major de la place et le général Despinois, commandant. On affichait sans cesse des *ordres du jour* qui menaçaient les officiers voyageurs de destitution ; mais on se moquait parfaitement de ces *ordres du jour*. Les généraux commandant les divisions, à l'exception du vieux Serrurier, étaient indulgents.

Tel officier venait à cheval, de dix lieues, pour passer une soirée à la *Scala*, dans la loge d'une femme de sa connaissance. Pendant cet été de 1796 qui, après deux ans de misère et d'inaction sur les rochers voisins de Savone, fut pour l'armée un mélange admirable de dangers et de plaisirs, c'était devant le café de la *Corsia de Servi* que se retrouvaient les officiers des régiments les plus éloignés.

Beaucoup, pour se soustraire à l'exhibition du *permis* donné par le colonel et visé par le général de brigade, laissaient leur *sediole* hors la porte et entraient en promeneurs. Après les glaces, les dames allaient passer une heure chez elles et peut-être recevoir quelque visite ; puis, elles reparaissaient dans leurs loges à la *Scala*. Ce sont, comme on sait, de petits salons, où chacune recevait à la fois huit ou dix amis. Il n'était guère d'officier français qui ne fût admis dans plusieurs loges. Ceux qui, étant tout à fait amoureux et timides, n'avaient pas ce bonheur, se consolaient en occupant au parterre une place bien choisie et toujours la même ; de là, ces guerriers si hardis adressaient des regards fort respectueux à l'objet de leurs attentions. Si on leur rendait ce regard, en plaçant près de l'œil le côté de la lorgnette qui éloigne, ils s'estimaient très-malheureux. De quoi n'était pas capable une armée de jeunes gens à qui la victoire donnait de telles folies.

Le vendredi, jour où il n'y a pas de spectacle en Italie, en mémoire de la passion, on se réunissait au *Casino de l'Alberge della Città* (Corsia de Servi) ; là il y avait bal et *conversation*.

Il faut l'avouer, au bout de quelques jours, la popularité de l'armée eut un peu à souffrir : presque tous les *cavaliers servants* régnant à l'époque de l'arrivée des Français, prétendaient avoir fort à se plaindre. La mode des *cavaliers servants* n'a été détruite que vers 1809, par une suite de mesures *morales*, adoptées par le despotisme du roi d'Italie. Ces liaisons étaient un autre sujet d'étonnement pour les Français ; beaucoup duraient quinze ou vingt ans. Le cavalier servant était le meilleur ami du mari qui, lui-même, remplissait semblable fonction dans une autre maison.

Les officiers français eurent besoin de beaucoup de temps pour comprendre que loin de prendre ombrage de l'assiduité du cavalier servant, la vanité du mari milanais eût été fort choquée de n'en point voir à sa femme.

Cette mode qui semblait si étrange, venait d'un peuple grave : les Espagnols qui ont gouverné Milan de 1526 à 1714. Il ne fallait pas que la femme d'un Espagnol parût à la messe conduite par son mari ; c'eût été un signe de pauvreté ou, tout au moins, d'insignifiance ; le mari devait être retenu ailleurs par ses grandes affaires. Une dame devait donner le bras à un écuyer. Il arriva de là que dans la classe bourgeoise qui n'avait pas d'écuyers, un médecin pria son ami l'avocat, de donner le bras à sa femme dans tous les lieux publics, tandis que le médecin conduirait la femme de l'avocat. A Gênes, dans les familles nobles, le contrat de mariage porta le nom du futur cavalier servant. Bientôt il fut du meilleur ton d'avoir un cavalier servant non marié et cet emploi fut dévolu aux cadets des familles nobles. Peu à peu l'amour s'empara de cet usage, et une femme, un an ou deux après le mariage, remplaça par un cavalier de son choix l'ami de la maison choisi par le mari.

Dans les Calabres, de nos jours, l'homme d'esprit d'une famille se fait prêtre, il marche à la fortune, et donne pour femme à un de ses frères la jeune fille qu'il préfère. Si, plus tard, cette jeune femme se hasardait à faire un choix hors de la famille, il y aurait un coup de fusil assuré pour l'étranger téméraire. J'ai été autorisé à expliquer cet usage sévère, parce que durant nos campagnes de Naples, il aura bien coûté la vie à deux cents officiers français.

Cet usage des cavaliers servants était général en Lombardie, quand l'armée française y arriva, en mai 1796, et les dames le défendaient comme très-moral. Le bail d'un cavalier servant dure trois ou quatre ans et fort souvent quinze ou vingt; il dure parce que chaque instant peut le rompre. Ce qui serait bien autrement difficile à expliquer, c'est le naturel parfait, la simplicité admirable des façons d'agir milanaises. Les explications seraient tout à fait inintelligibles, ou même révoltantes, dans le nord de la France. Les gens de goût trouveront quelque image de ces façons dans certains *libretti* d'opera-buffa; par exemple, la première scène de la *Prova d'un opera seria*, et quelques scènes des *Cantatrici Villane*.

La bonne compagnie est presque partout comme le peuple ; elle n'aime un gouvernement que par haine pour un autre ; serait-ce qu'un gouvernement n'est qu' un *mal nécessaire?* La haute société de Milan éprouvait un tel dégoût pour le gros archiduc qui, à ce qu'on nous dit, vendait du blé en cachette et profitait des disettes ou les faisait naître, qu'elle accueillit avec enthousiasme l'armée française, qui lui demandait des chevaux, des souliers, des habits, des millions, mais lui permettait de s'administrer elle-même. Dès le 16 mai, on vendait partout une caricature qui représentait l'archiduc vice-roi, lequel déboutonnait sa veste galonnée et il en tombait du blé. Les Français ne comprenaient rien à cette figure.

Ils étaient arrivés à Milan si misérables, tellement dépourvus d'habits et de chemises, que bien peu s'avisèrent de se montrer fats dans le vilain sens du mot ; ils n'étaient qu'aimables, gais et fort entreprenants.

Si les Milanais étaient fous d'enthousiasme, les officiers français étaient fous de bonheur, et cet état d'ivresse continua jusqu'à la séparation. Les relations particulières durèrent également jusqu'au départ et souvent avec dévouement des deux côtés. A la suite du retour, après Marengo en 1800, plusieurs Français rappelés en France eurent la folie de donner leur démission pour vivre pauvres à Milan plutôt que de s'éloigner de leurs affections.

On peut répéter ici, parce que cela fait un étrange contraste avec l'esprit que le consulat fit régner dans l'armée, qu'il eût été difficile de désigner à Milan vingt officiers, dans les emplois subalternes, qui eussent sérieusement l'ambition des grades. Les plus terre-à-terre étaient fous de bonheur d'avoir du linge blanc et de belles bottes neuves. Tous aimaient la musique ; beaucoup faisaient, nous l'avons dit, une lieue par la pluie, pour venir occuper une place du parterre à la Scala. Aucun, je pense, quelque prosaïque, ambitieux et cupide qu'il ait pu devenir par la suite, n'a oublié le séjour à Milan. Ce fut le plus beau moment d'une belle jeunesse.

Et ce bonheur général eut un reflet militaire : dans la triste situation où l'armée se trouva avant Castiglione et avant Arcole, tout le monde, excepté les officiers savants, fut d'avis de tenter l'impossible pour ne pas quitter l'Italie.

En attendant la décision du Directoire, qui pouvait être assez aveugle ou assez jaloux de la gloire du jeune général, pour accepter sa démission et le remplacer par Kellerman, Moreau ou Jourdan, Napoléon résolut d'essayer de chasser Beaulieu jusque dans le Tyrol. Il fournit à la conversation de ses soldats, chose fort essentielle avec des Français et de jeunes patriotes, par une proclamation, dans laquelle il leur parlait d'eux en termes faits pour redoubler leur enthousiasme.

Si cette proclamation produisit un bon effet dans l'armée, elle en fit un meilleur encore parmi les ennemis. Signée par le même homme qui venait de passer le pont de Lodi et d'occuper Milan, elle commença à Rome et à Naples cette terreur du nom français que Napoléon y a fait régner si longtemps.

Le général en chef fit commencer le siége de la citadelle de Milan avec du gros canon amené d'Alexandrie et de Tortone. Il mit son armée en mouvement vers le Mincio, et enfin le 24 mai partit pour Lodi.

Mais ce jour-là le tocsin sonnait sur les derrières de l'armée, dans tous les villages voisins de Pavie, et cette ville elle-même fut occupée par dix mille paysans fanatisés par les prêtres. La moindre hésitation de la part du général en chef pouvait rendre ce soulèvement universel en Lombardie. Et que n'eût pas fait l'armée piémontaise dans le cas d'un soulèvement heureux ?

Les demi-brigades françaises étaient toutes en mouvement et s'éloignaient rapidement de Pavie. Les prêtres auraient dû différer la révolte de trois ou quatre jours, jusqu'après les premiers engagements avec Beaulieu.

Napoléon fut aussi admirable dans cette surprise que dans ses plus belles batailles ; sans interrompre le mouvement général de son armée, il enleva Pavie et punit les révoltés.

Il est un devoir dont il semblera cruel même de parler. Un général en chef doit faire fusiller trois hommes, pour sauver la vie à quatre ; bien plus, il doit faire fusiller quatre ennemis, pour sauver la vie à un seul de ses soldats. Mais, d'un autre côté, les agents autrichiens et les prêtres qui cherchèrent à faire soulever la Lombardie firent fort bien. Et plût à Dieu qu'en 1814 et 1815, on se fût conduit ainsi en France contre les Prussiens, Autrichiens, Russes, etc.

A Pavie, la clémence eût été un crime envers l'armée ; elle lui eût préparé de nouvelles vêpres siciliennes ; le commandant de la garnison française de Pavie fut fusillé ainsi que la municipalité. Pour calmer Pavie, Napoléon y avait envoyé l'archevêque de Milan, ce qui est plaisant.

Napoléon apprit que le Directoire venait de signer la paix avec le roi de Sardaigne. Cette paix était fort bonne, mais la négociation fut conduite avec une insigne maladresse, ou plutôt avec une colère d'enfant contre les rois. Il fallait promettre au roi de Sardaigne une part de la Lombardie et en obtenir quatre ou cinq régiments qui, à peine arrivés à l'armée, eussent rivalisé d'enthousiasme avec les demi-brigades françaises.

Beaulieu occupait le Mincio, rivière rapide dont le

cours, entre Peschiera et Mantoue, forme une ligne assez forte. Il était flanqué à sa droite par Peschiera, le lac de Garde et les hautes montagnes qui entourent le nord du lac et touchent aux Alpes du Tyrol. Sa gauche était appuyée à cette place de Mantoue qui, désormais, va être comme le centre moral de toutes les opérations militaires en Italie.

L'armée voulait passer le Mincio ; il n'eût pas été raisonnable d'aller se heurter contre les deux places fortes des ailes ; Bonaparte résolut d'attaquer par le centre ; mais en même temps, il voulut donner de vives inquiétudes à Beaulieu du côté de Peschiera. Sous le canon de cette place passaient ses lignes de retraite sur le Tyrol et de communication avec l'Autriche.

Pendant que Napoléon domptait Pavie et se préparait à une nouvelle bataille, on peut donner un instant d'attention à l'état d'une âme douée d'une sensibilité aussi dévorante et aussi peu susceptible de distraction. Quoi, pour le récompenser de victoires presque incroyables et qui, on peut le dire, avaient sauvé la République, le Directoire le met dans la nécessité d'offrir sa démission ! Et cette démission il pouvait, à chaque instant, recevoir l'avis de son acceptation, puisqu'il l'avait envoyée le 14 mai. Il faut avoir connu les tempêtes qui agitaient sans relâche cette âme de feu, pour pouvoir se figurer la plus petite partie des projets passionnés, suivis de moments d'abattement et de dégoût absolus, qui durent agiter violemment cette nature vraiment italienne. J'entends par ce mot, peu intelligible pour qui n'a pas séjourné en Italie, une âme absolument contraire aux âmes raisonnables et sages, de Washington, de Lafayette, ou de Guillaume III.

Le 30 mai, Bonaparte arriva à Borghetto, avec le gros de son armée. Une avant-garde ennemie qui se trouvait sur la rive gauche du Mincio fut culbutée et repassa la rivière au pont de Borghetto, dont elle brûla une arche. Sur-le-champ l'ordre fut donné de réparer le pont; mais ce travail exécuté sous les boulets ennemis, n'avançait que lentement : une cinquantaine de grenadiers s'impatientent : ces braves se jettent dans le Mincio, tenant leurs fusils sur la tête : ils ont de l'eau jusqu'aux épaules.

Les soldats autrichiens croient revoir la redoutable colonne du pont de Lodi; ils s'ébranlent, reprennent la route du Tyrol et ne songent plus à mettre obstacle au passage du Mincio par l'armée française.

Beaulieu essaya de tenir ferme sur les hauteurs entre Villafranca et Valeggio; mais, ayant appris que la division Augereau marchait sur Peschiera, il comprit que les Français pourraient occuper, avant lui, la vallée de l'Adige, le plateau de Rivoli et le couper du Tyrol. Il se retira sans délai au delà de l'Adige, dont il remonta la rive droite par Dolce, jusqu'à Caliano.

Au milieu de ce beau mouvement de troupes, le général en chef fut sur le point d'être pris à Valeggio, ce qui eût terminé d'une façon bien ridicule sa carrière militaire. Beaulieu, en se retirant, avait laissé treize mille hommes dans Mantoue.

VIII

Napoléon vit fort bien que tant que Mantoue n'aurait pas été prise, on pourrait dire que les Français avaient parcouru, mais non pas conquis l'Italie. Rien n'était plus facile que de poursuivre les soldats de Beaulieu ; ils étaient tellement démoralisés par l'imprévu et la rapidité de leurs revers, qu'un bataillon français attaquait sans hésiter et mettait en déroute trois bataillons ennemis. Malgré cet immense avantage, qui se perdait en ne se hâtant pas d'en profiter, Napoléon ne se trouva pas assez fort pour s'enfoncer dans le cœur des États autrichiens, tandis que les armées du Rhin se trouvaient encore derrière ce fleuve.

Aujourd'hui, en 1837, les paysans et le bas peuple de tous les pays civilisés de l'Europe ont à peu près compris que la Révolution française tend à les faire propriétaires, et c'est Napoléon qui leur a donné cette éducation. En 1796, ils étaient tout à fait dans la main des prêtres et des nobles, et fort disposés à s'irriter profondément des vexations et des petites injustices, inséparables de l'état de guerre. Une armée française d'alors était obligée de garder soigneusement ses derrières, si elle ne voulait voir assassiner ses malades et ses isolés. Ce genre de soins minutieux impatientait Napoléon, et il faut avouer qu'il s'en acquittait assez mal. Il eût eu besoin d'un bon chef de partisans, chargé de parcourir ses derrières et de punir sévèrement les assassinats.

Les paysans et le bas peuple de la Lombardie, où les soldats français avaient été si bien accueillis par la haute bourgeoisie et une bonne partie de la noblesse, venaient de prouver, à Pavie, qu'ils étaient pour le moins fort divisés d'opinion à l'égard de leurs prétendus libérateurs. Le roi de Sardaigne, les ducs de Parme et de Modène, avaient déposé les armes; mais les rapports des espions ne laissaient aucun doute sur leur vif désir d'attaquer les Français au moindre revers sérieux. La cour de Rome, dont les décrets de l'Assemblée constituante attaquaient le pouvoir, ne cherchait point à cacher sa haine furibonde. Naples pouvait la secourir, et, ce qui était bien autrement important, les Anglais, maîtres de la Corse, pouvaient jeter six mille hommes à Civita-Vecchia ou à Ancône, rassembler vingt mille soldats italiens et marcher au secours de Mantoue, ou, du moins, occuper la rive droite du Pô.

Napoléon n'avait que quarante-cinq mille hommes tout au plus. Mantoue renfermait une garnison de douze mille Autrichiens; Beaulieu, réuni aux Tyroliens, avait trente mille hommes dans la vallée de l'Adige et trente mille soldats aguerris venant du Rhin étaient en marche sur Inspruck et venaient le joindre.

S'il se fût trouvé à Venise un seul homme, tel que ceux qu'elle produisait en foule vers l'an 1500, du temps de la bataille d'Aignadel, cette république eût suffi, à elle seule, pour assurer la supériorité aux armes autrichiennes et délivrer l'Italie des Français. Quant aux motifs de guerre, elle en avait de suffisants : les Français ne s'étaient-ils pas emparés de Peschiera et de Vérone? Ne vivaient-ils pas au moyen de réquisitions en nature frappées sur le pays, ou dont il était obligé de se racheter, en faisant fournir des denrées par un juif?

Mais depuis la perte de la Morée, abandonnée aux Turcs vers 1500, les nobles de Venise, n'ayant plus besoin d'énergie, étaient tombés dans la mollesse. Cette ville aimable était devenue le centre de la volupté en Europe. On s'y amusait avec esprit, dans le temps que Paris n'était encore qu'une réunion assez grossière de marchands et de soldats, se volant les uns les autres[1]. Jusque vers la fin du règne de Louis XIV, Venise fut la ville d'Europe la plus agréable à habiter. Les citoyens qui ne s'occupaient pas directement à blâmer le gouvernement étaient beaucoup plus libres qu'on ne l'était à Paris en 1715, et même en 1740. On n'y connaissait rien de semblable à la bulle *Unigenitus*, et les prêtres ne pouvaient y faire persécuter personne. La République avait eu le courage d'employer contre la cour de Rome un homme de génie, *Fra Paolo Sarpi* qui, à Paris, eût été mis à la Bastille[2].

Lorsque l'irruption du général Bonaparte vint effrayer les petits princes d'Italie, Venise ne comptait qu'un homme énergique, le procurateur Pesaro.

1. *Mémoires de Bassompierre*, Lettres du cardinal Bembo et de l'Arétin.
2. On trouverait mille preuves de tout ceci dans l'*Histoire de Venise*, du comte Daru, et surtout dans les *Mémoires* de Goldoni, de Casanova et de G. Pietro Gozzi. Il y a un ouvrage admirable et digne de Plutarque; c'est la *Vie de Fra Paolo Sarpi*, théologien de la République, écrite par son successeur. — Un volume in-12. — Les Français sont, en général, tellement préoccupés de leur manière de faire, en toutes choses, qu'ils ne comprennent pas le sens des phrases générales décrivant les mœurs des autres peuples. Ils n'ont de ressource que celle de lire des mémoires particuliers, comme ceux de Pietro Gozzi, par exemple. Là, tout est expliqué si clairement qu'il n'y a pas moyen de se méprendre ; on ne peut confondre la manière d'*aller à la chasse du bonheur* de tous les jours, dans la Venise de 1760, avec notre vie de Paris, du temps des *Mémoires* de madame d'Épinay.

Il est vrai que tous les sénateurs, tous les magistrats influents, n'avaient que de l'envie et de la haine pour cet homme singulier. Cette aristocratie était de bien loin la plus aimable, mais aussi, peut-être, la plus imbécile de toutes celles qui dirigeaient leurs colères contre la République française. C'est qu'elle ne pouvait pas, comme la pairie anglaise, comme la noblesse de France, acheter un homme de mérite, né dans les basses classes et lui faire une place dans son sein. Demandez comment s'appelaient, à vingt ans, tous les pairs d'Angleterre qui ont eu de l'énergie contre Napoléon, et voyez qui défend l'aristocratie en France.

Le général français, parfaitement servi par des espions qu'il payait bien, connaissait toute la pusillanimité du gouvernement de Venise; mais la prudence lui faisait une loi de ne pas trop compter sur cette erreur d'une puissance très-forte contre son armée. L'Angleterre ne pouvait-elle pas leur envoyer un de ses généraux formés dans l'Inde?

Venise avait trois millions de sujets et un revenu de trente millions de francs; la peur pouvait lui donner un emprunt forcé de pareille somme. Elle ne comptait, il est vrai, que douze mille soldats, formant sept régiments d'infanterie et six de cavalerie; mais avec de l'argent elle eût pu avoir huit ou dix régiments suisses et un grand nombre de Dalmates, naturellement fort braves. Enfin, ce gouvernement pouvait mettre à la mer vingt-quatre vaisseaux de ligne et sa capitale était imprenable.

On voit que pour peu que Napoléon manquât de rapidité dans ses mouvements, une partie de ses ennemis pouvaient se réveiller de leur stupeur et le rejeter en désordre jusque sous les murs d'Alexandrie. C'est une vérité qu'il se gardait bien de laisser soupçonner. Il n'ignorait pas que le ministre de Venise à Paris pouvait acheter toutes ses lettres au Directoire.

Il sut imposer aux alliés douteux et même aux ennemis par la fermeté de sa contenance. De tous les généraux que la Révolution a fait connaître, pas un seul n'eût été capable d'une telle conduite.

Après la retraite de Beaulieu dans le Tyrol, Napoléon dirigea toute son attention sur Mantoue ; le peu d'artillerie de siége que l'armée d'Italie avait pu réunir était alors employé contre la citadelle de Milan et il fallut se contenter d'investir Mantoue. Mais pour venir à bout, même d'un simple blocus, il fallait être maître de Vérone et du cours de l'Adige, qui sont la clef de la position (occupée par les troupes du blocus). Toutes les insinuations du provéditeur Foscarelli, pour s'opposer à la marche sur Vérone, furent vaines. Le 3 juin, Masséna s'empara de cette ville située à trente-deux lieues de Milan, vingt-cinq de Venise, seize de Trente ; elle a trois ponts de pierre sur l'Adige et une bonne enceinte.

Si Mantoue eût été une place comme Lille, l'armée d'Italie n'eût pas pu à la fois en faire le siége et le couvrir. Mais, par une circonstance heureuse et bien en rapport avec le petit nombre des soldats de l'armée, les lacs marécageux qui font la force de Mantoue, ne permettent à la garnison de sortir de la place que par cinq digues, dont une seule, celle de la Favorite, était défendue par un fort, en 1796.

Napoléon fit attaquer la garnison, l'obligea bien vite à rentrer dans la place, et au moyen de quelques redoutes construites à l'extrémité des digues, il put, avec quatre mille hommes, empêcher douze mille soldats de déboucher du côté du Pô. L'investissement de la citadelle exigeait aussi un corps de quatre mille hommes. Serrurier, général méthodique, sévère, ferme, ne prenant rien sur lui, fut chargé du blocus et du commandement de ce corps de huit mille hommes. Augereau, placé sur le bas Adige, vers Legnago, protégea le siége.

IX

Vers le temps de la retraite de Beaulieu, dans le Tyrol, le roi de Naples eut peur et sollicita un armistice ; Napoléon en ressentit un vif bonheur, car c'était dans l'intérêt de ses vues ultérieures.

Le Directoire avait pour le Pape une haine d'enfant et cette haine le rendait incapable de toute politique, ainsi que le prouvèrent plus tard les sottises et les désastres de 1799.

Toutefois, il ne faut point oublier que Bonaparte était dans la nécessité d'obéir aux ordres réitérés de son gouvernement, et il se détermina à lancer une colonne mobile sur Ancône, sauf à la rappeler au plus vite, sur le Mincio, si besoin était. Il pensa qu'Augereau pourrait, sans trop de danger, s'avancer au midi de Mantoue, jusqu'à Bologne.

Ce fut le 19 de juin 1796, que Bonaparte arriva

dans cette ville, si digne d'être un jour la capitale de l'Italie. Il y trouva de l'instruction et de l'énergie ; si toute la péninsule eût été avancée à ce point, ce pays serait aujourd'hui une puissance indépendante et passablement administrée.

A l'arrivée de son libérateur, Bologne fut dans l'ivresse ; elle organisa spontanément une garde nationale de trois mille hommes, et bientôt après cette garde se battit avec bravoure contre les Autrichiens [1].

Ferrare fut occupée et une colonne partie de Plaisance pénétra en Toscane. Ces démonstrations, accompagnées de tout le bavardage convenable, consternèrent la cour de Rome ; elle se hâta de solliciter un armistice qui fut signé à Foligno le 24 juin. L'armée d'Italie obtint l'immense avantage d'avoir une garnison à Ancône et n'eut plus la crainte de voir les Anglais y débarquer quelques milliers d'hommes, ce qui eût pu changer toute la face des affaires.

Rome céda les légations de Bologne et de Ferrare et promit de l'argent. Des conditions aussi modérées furent loin de plaire au Directoire. Mais, toutefois, la folie de ce corps gouvernant fut cause d'une témérité heureuse.

---

1. Réponse aux Parisiens qui se moquent de la bravoure des Italiens.

Augereau se hâta de venir reprendre sa position protectrice sur le bas Adige, après avoir dissipé quatre mille paysans que les prêtres avaient fait révolter à Lugo, ce dont je suis loin de les blâmer ; toute révolte contre l'étranger conquérant est légitime et c'est le premier devoir des peuples.

Des troubles du même genre éclatèrent dans les *fiefs impériaux*, petits pays enclavés dans l'État de Gênes, sur le versant de l'Apennin qui regarde le Piémont. Des paysans organisés entre Novi et la Bocchetta égorgaient les soldats isolés. Lannes détruisit ces bandes et saccagea Arquata, leur quartier-général ; on eut le tort de ne pas prendre des otages.

Napoléon ne put refuser au Directoire d'occuper Livourne. Cette opération fut conduite avec tant de promptitude et si secrètement, qu'il ne s'en fallut que de deux heures que les Français ne surprissent dans le port vingt navires anglais. Les troupes françaises oublièrent d'attendre, pour se mettre en marche, l'apparition du vent de Libeccio. On saisit toutes les marchandises et propriétés anglaises, ce qui enrichit un nombre infini de voleurs envoyés de Paris à l'armée.

Le grand-duc de Toscane Ferdinand avait observé la neutralité à laquelle il s'était obligé l'année précédente, avec une bonne foi dont tous les princes de l'Europe se croyaient dispensés envers la République. Aussi le général Bonaparte chercha-t-il l'oc-

casion de donner à ce prince une marque d'estime :
il vint le voir à Florence, sans se faire accompagner d'aucune escorte. Il ne craignit point le traitement que trente mois plus tard les hussards de l'archiduc Charles firent subir à Roberjot et aux autres plénipotentiaires de Rastadt.

Le général se donnait la peine d'expliquer luimême au grand-duc que la position de Livourne, port de mer considérable situé en face de la Corse, alors au pouvoir des Anglais, rendait l'occupation de cette place indispensable à la sûreté de l'armée française.

Bonaparte dînait chez le prince, lorsqu'il reçut le courrier qui lui apportait la nouvelle de la reddition du château de Milan; la garnison avait capitulé le 29 juin. Il avait donc un parc d'artillerie pour assiéger Mantoue. La tranchée fut ouverte devant cette place le 18 juillet.

Serrurier continua à y commander; malheureusement, il ne pouvait rien sur l'imprudence de ses soldats accablés par les chaleurs brûlantes de la journée; on était au mois de juillet, ces jeunes gens s'exposaient avec délices à la fraîcheur des nuits et ils tombaient malades, par centaines, au milieu de ces marécages empestés du Mantouan.

Le reste de l'armée était en observation sur l'Adige et le lac de Garde. Masséna, avec quinze mille hommes, formait le centre à Rivoli et Vérone ; le général Sauret, avec quatre mille, était à la gauche et occupait Salo, petite ville située sur la rive occidentale du lac de Garde. La réserve, forte de six mille hommes, se trouvait entre la droite et le centre. Enfin, Augereau, avec ses huit mille hommes, formait la droite à Legnago.

Par cette position, savamment calculée, le général en chef, qui se voyait entouré d'ennemis déclarés ou secrets, avait la faculté de réunir la totalité de son armée, au moyen de *mouvements concentriques intérieurs* sur l'une ou l'autre rive du Mincio, selon que l'ennemi attaquerait par Salo ou par la vallée de l'Adige ; car tout le monde voyait bien que sous peu l'armée autrichienne essayerait de secourir Mantoue.

X

Nous allons entrer dans le récit d'opérations admirables ; mais pour qu'il puisse être sensible à ce qu'elles ont de sublime, je supplierai le lecteur de regarder une fois une carte passable du lac de Garde. Les bords de ce lac, avec leurs contrastes de belles forêts et d'eau tranquille, forment peut-être les plus beaux paysages du monde, et les jeunes soldats de l'armée d'Italie étaient bien loin d'être insensibles à leurs beautés. Vers le nord, du côté de Riva, le lac se resserre et se perd au milieu de hautes montagnes, dont les sommets restent couverts de neige toute l'année ; tandis que, vis-à-vis la jolie petite ville de Salo, il forme une nappe d'eau admirable, de trois lieues de large au moins, et le voyageur peut embrasser d'un coup d'œil une étendue de plus de dix lieues, de Desenzano au midi, où passe la route de Brescia à Vérone.

Les bords du lac et les collines tout autour sont couverts d'oliviers magnifiques qui, en ce pays, sont de grands arbres, et de châtaigniers sur toutes les rives exposées au midi et abritées du vent du nord par quelque colline qui vient se terminer au lac en précipice. On distingue le feuillage sombre de beaux orangers croissant ici en pleine terre ; leur couleur forme un admirable contraste avec celle des montagnes du lac qui est aérienne et légère.

Vis-à-vis Salo et au levant du lac, s'élève une énorme montagne de forme arrondie et dépouillée d'arbres, ce qui, je pense, lui a valu le nom de *Monte-Baldo.* C'est derrière ce mont, à quelque distance et à l'orient du lac, que coule dans une gorge profonde l'Adige, cette rivière devenue célèbre par les batailles que nous allons raconter.

Ce fut sur un plateau, ou plaine élevée, situé entre l'Adige, le Monte-Baldo et la ville de Garda, qui donne son nom au lac, qu'eut lieu, au mois de janvier suivant, l'immortelle bataille de Rivoli.

Au midi du lac, les collines boisées et fertiles qui séparent le gros bourg de Desenzano de la petite ville de Lonato sont peut-être les plus agréables et les plus singulières de toute la Lombardie, pays si célèbre pour ses belles collines couronnées de bois.

Le mot *ameno* semble avoir été créé pour ces paysages ravissants.

Du haut de ces collines de Desenzano, que la route parcourt en s'élevant, à mesure qu'elle s'avance vers Brescia, on domine assez le lac pour jouir de l'aspect de ses bords. Le voyageur distingue à ses pieds la presqu'île de Sermio, célébrée par les vers de Catulle et remarquable, même encore aujourd'hui, par ses grands arbres. On aperçoit plus loin et un peu sur la droite du côté de Vérone, la triste forteresse de Peschiera, noire et basse, bâtie comme une écluse de moulin aux lieux où le Mincio sort du lac. En 1796 elle appartenait aux Vénitiens qui, lorsque la ligue de Cambrai leur fit peur, avaient jadis dépensé vingt millions de francs pour la construire.

Lonato s'annonce au loin sur la route de Brescia par le dôme blanc de son église. Plus vers le midi, on aperçoit Castiglione, triste petite ville située sur un pli de terrain, au milieu d'une plaine de graviers stérile et rocailleuse ; c'est le seul endroit de tous ces environs qui ne soit pas charmant.

Derrière Castiglione et Lonato, et par conséquent au couchant du lac, coule la petite rivière de la Chiese (Kiéze), que la moindre pluie d'orage, en été, change en un torrent magnifique. Elle descend des Alpes parallèlement au lac et souvent les Autrichiens attaquèrent la gauche de l'armée française, en suivant ses bords. Après avoir été repoussés, ils cherchaient d'ordinaire un refuge au milieu des montagnes de Gavardo, couvertes de châtaigniers.

Quoi que pussent dire leurs officiers, les soldats abandonnaient les maisons de paysan où ils étaient logés, pour s'établir au frais, sous les arbres de Gavardo et des environs. Souvent, toute une compagnie bivouaquait sous un immense châtaignier et le lendemain quelques-uns avaient la fièvre. Ce n'est pas que le pays soit malsain, comme la plaine de Mantoue ; mais la transition de l'extrême chaleur des jours avec la fraîcheur des nuits, augmentée encore par le vent des Alpes, est trop forte pour des santés françaises.

Ce fut pendant le mois où les rives du lac sont le plus agréables, durant les chaleurs brûlantes d'août, que les noms de deux petites villes situées dans le voisinage, Lonato et Castiglione, furent immortalisés par les batailles de ce nom. A cette époque de l'année, les vallons et les plaines étaient couverts au loin par les plantations de maïs, plante qui en ce pays s'élève à huit ou dix pieds de hauteur et dont les tiges sont tellement touffues que les surprises en devenaient faciles. D'ailleurs, les plaines et les coteaux sont couverts d'ormes de vingt ou trente pieds de haut et chargés de vignes, qui passent d'un arbre à l'autre, ce qui donne à la campagne l'aspect d'une forêt continue ; souvent, en été, le regard ne peut guère pénétrer à plus de cent pas de la grande route.

Les soldats, riches de tant de mois de solde payés à la fois, jeunes, joyeux, se voyaient admirablement accueillis par les jolies paysannes des environs du lac.

On peut dire qu'à cette époque il se commettait bien des étourderies, mais pas une noirceur dans l'armée. Les vols vilains étaient le lot des employés de toute espèce qui arrivaient en foule de Paris et se disaient parents de Barras. Il ne pouvait convenir au général Bonaparte, protégé par Barras, de les châtier avec trop de sévérité. Il y avait déjà un assez grand nombre de points sur lesquels le général en chef n'était pas d'accord avec le Directoire. Devait-il se charger encore d'empêcher de faire fortune les petits cousins des Directeurs?

Ces messieurs se chargeaient des folies brillantes, en faveur des *prime donne;* car la plupart de ces petites villes, occupées par l'armée, avaient des troupes d'*opera buffa.* Gros qui, dans ce temps-là, peignait la miniature et qui était fort aimé à l'armée, dont il était peut-être la tête la plus folle, faisait les portraits de toutes les belles.

On peut dire que depuis l'entrée à Milan, le 15 mai, jusqu'aux approches de la bataille d'Arcole, en novembre, jamais armée ne fut si gaie. Il faut avouer ussi qu'il y avait peu de subordination;

l'égalité républicaine ôtait beaucoup du respect pour les grades, et les officiers n'étaient strictement obéis qu'au feu ; mais ils ne s'en souciaient guère et, comme leurs soldats, ne cherchaient qu'à s'amuser. Le général en chef était peut-être le seul homme de l'armée qui parût insensible aux plaisirs, et, pourtant, la passion malheureuse qu'avait prise pour lui l'actrice [1] la plus célèbre et la plus séduisante de l'époque n'était un secret pour personne.

Jusqu'à Lonato, les batailles de Napoléon montrent un excellent général du second ordre. Le passage du Pô à Plaisance fut enlevé avec rapidité, le passage du pont de Lodi montra une brillante audace, mais jamais l'armée française ne fut en péril. Si elle fut un moment voisine d'une position dangereuse dans les plaines du Piémont, la cour de Turin se hâta de l'en tirer, en se séparant de Beaulieu, et sollicitant l'armistice de Cherasco.

Les affaires que nous allons raconter sont d'une tout autre nature. Si, à Lonato et à Castiglione, Napoléon n'eût pas été vainqueur, l'armée était détruite. Ni ses jeunes soldats n'étaient faits pour se tirer d'une guerre *malheureuse*, toute de retraites et de chicanes, ni lui n'avait le talent de les diriger.

---

1. Madame Grassini, dont tous les spectateurs raffolaient dans l'opéra des *Vierges du soleil*.   R. C.

C'est la seule grande partie du génie militaire qui lui ait manqué. Sa campagne de France en 1814 est tout agressive ; il a désespéré après Waterloo ; après la retraite de Russie, en 1813, il ne fallait quitter la ligne de l'Oder que forcé.

L'on peut dire qu'à sa place, le 29 juillet 1796, aucun autre des généraux en chef de la République n'eût eu le courage de tenir. Le flanc gauche de son armée était tourné, en même temps que des forces supérieures l'attaquaient de front.

Nous allons voir successivement les batailles de Castiglione, d'Arcole et de Rivoli, placer Napoléon au premier rang des plus grands capitaines. Castiglione et Rivoli ont l'audace du plan ; Arcole réunit à ce mérite l'habileté et l'incroyable opiniâtreté dans l'exécution des détails.

L'étrange fermeté de caractère dont Napoléon fit preuve à deux reprises différentes, en ne se mettant pas en retraite avant Lonato et avant Arcole, est peut-être le plus beau trait de génie que présente l'histoire moderne. Et remarquez que ce ne fut point le coup de désespoir d'une tête étroite ; mais la résolution d'un sage, auquel l'imminence d'un danger extrême n'ôte pas la vue nette et précise de ce qu'il est encore possible de tenter. Ce sont là des choses que la flatterie elle-même ne peut gâter ; car il n'y a rien au monde de plus grand. Ce sont aussi de ces choses et, à vrai dire, c'est la seule au monde, qui excuse le despotisme, soit à l'égard de celui qui le tenta, soit à l'égard de ceux qui le souffrirent.

Ce qui manque à Annibal, à César, à Alexandre, c'est que nous ne connaissons pas leur histoire avec assez de détails, pour savoir si jamais ils se sont trouvés réduits à un état aussi misérable que Napoléon, avant Arcole.

Dans ses batailles de Montenotte, de Millesimo et du pont de Lodi, Napoléon dirigeait lui-même ses divisions; maintenant que le danger est centuplé et qu'une négligence, une distraction, un moment de faiblesse, peuvent entraîner l'anéantissement de l'armée, il va être forcé de faire agir de grands corps de troupes, quelquefois fort loin de ses yeux. Il faudrait du moins qu'il eût des généraux sur lesquels il pût compter [1], et par un malheur qui augmente sa gloire, un seul peut-être, Masséna, était digne d'exécuter les plans d'un tel chef. Lannes, Murat, Bessières, Lasalle, étaient dans son armée, mais cachés dans des grades inférieurs.

Pour achever la sublime beauté de l'opération de Lonato et de Castiglione, elle fut précédée par des événements que tout le monde prit pour d'éclatants revers et qu'elle parvint à réparer.

---

1. Par exemple, Kléber, Saint-Cyr, ou Desaix, commandant dans le Tyrol, à la place de Vaubois, pendant Arcole.

Brescia fut surprise, et à Milan les plus chauds partisans des Français crurent l'armée entièrement perdue.

M. de Thugut, justement alarmé des progrès de Napoléon et des périls de Mantoue, résolut d'opposer aux Français une nouvelle armée et un nouveau général. En conséquence, le maréchal Wurmser partit de Manheim avec vingt mille hommes d'élite et remplaça Beaulieu.

Wurmser, né en Alsace d'une famille noble, servait depuis cinquante ans en Autriche; il s'était distingué dans la guerre de sept ans et dans celle de Turquie. Il eut ainsi la gloire de se battre contre Frédéric le Grand et contre Napoléon. En 1793, il avait forcé les lignes de Wissembourg. En 1795, il battit Pichegru à Heidelberg et envahit le Palatinat; c'était un vieux hussard encore plein d'énergie.

Dans les derniers jours de juillet 1796, la force de l'armée autrichienne réunie à Trente était de soixante mille combattants, et Napoléon n'avait à lui opposer que trente-cinq mille hommes. Toutes les aristocraties de l'Europe avaient l'œil sur l'Italie et crurent fermement que l'armée française allait être anéantie.

Wurmser ne perdit point de temps; à la tête de trente-cinq mille hommes, il déboucha du Tyrol par la vallée de l'Adige qui, ainsi que nous l'avons vu, est parallèle à la rive orientale du lac de Garde et séparée de ce lac par le Monte-Baldo. Quasdanowich suivit la rive occidentale du lac, et avec vingt cinq mille hommes se porta sur Salo et Brescia.

Dans la soirée du 29 juillet, à Vérone, et dans le courant de la nuit suivante, Napoléon apprit que ce même jour, à trois heures du matin, Masséna attaqué par des forces énormément supérieures, avait été chassé du poste important de la Corona sur l'Adige, et que quinze mille Autrichiens avaient surpris à Salo la division du général Sauret, lequel dans une circonstance si importante, manquant de sang-froid, s'était replié sur Desenzano, au lieu de couvrir Brescia.

Tous les généraux alors connus se seraient estimés perdus dans la position de Napoléon ; pour lui, il vit que l'ennemi, en se divisant, lui laissait la possibilité de se jeter entre les deux parties de son armée et de les attaquer séparément.

Mais il fallut prendre sur-le-champ un parti décisif; c'est là la qualité sans laquelle on n'est point général.

On voit, en passant, pourquoi il est si facile d'écrire sur la guerre des choses raisonnables et d'indiquer de bons partis à prendre, après y avoir réfléchi mûrement.

Il fallait éviter à tout prix que Wurmser ne vînt se réunir à Quasdanowich sur le Mincio, car alors il était irrésistible. Napoléon eut le courage de lever le siége de Mantoue et d'abandonner dans les tranchées cent quarante pièces de gros canon. C'était tout ce que l'armée en possédait.

Il osa faire le raisonnement suivant et y croire : *Si je suis battu, à quoi me servira cet équipage de siége ? Il faudra l'abandonner sur-le-champ. Si je parviens à battre l'ennemi, je retrouverai mon canon dans Mantoue.* Il restait une troisième possibilité : battre l'ennemi et se trouver hors d'état de continuer le siége de Mantoue ; mais ce malheur était moindre que celui d'être chassé de l'Italie.

Probablement, Napoléon voulut produire un effet moral sur ses généraux, les connaître et s'en faire connaître, car il assembla un conseil de guerre. Kilmaine et les généraux savants opinèrent pour la retraite ; le jacobin Augereau, animé d'une belle ardeur, déclara que, pour lui, il ne s'en irait pas sans s'être battu avec sa division.

Bonaparte leur dit que si l'on reculait on perdrait l'Italie et qu'ils ne seraient pas en état de ramener dix mille hommes sur les rochers de Savone ; qu'à la vérité, l'armée de la République était trop faible pour faire face à la totalité de l'armée autrichienne ; mais qu'elle pouvait battre séparément chacune de ses deux grandes divisions. Et par bonheur, pendant trente ou quarante heures, ces divisions ennemies seraient encore séparées par la largeur du lac de Garde.

Il fallait rétrograder rapidement, envelopper la division ennemie, descendre sur Brescia, la battre complétement. De là, revenir sur le Mincio, attaquer Wurmser et l'obliger à repasser dans le Tyrol. Mais, pour exécuter ce plan, il fallait, dans vingt-quatre heures, lever le siége de Mantoue ; il n'y avait pas moyen de retarder de six heures. Il fallait, de plus, repasser sans nul délai sur la rive droite du Mincio, faute de quoi on était enveloppé par les deux corps d'armée ennemis.

Sur ces entrefaites, madame Bonaparte, qui avait suivi son mari à Vérone, voulut retourner à Milan, par la route de Desenzano et Brescia; mais l'ennemi venait de l'intercepter. Elle se trouva ainsi tout près des grand'gardes des Autrichiens et au milieu de leurs patrouilles. Elle crut son mari perdu, pleura beaucoup et, enfin, dans sa terreur, elle regagna Milan, mais en allant passer par Lucques. L'accueil rempli de respect qu'elle reçut partout la consola un peu.

Le 30 juillet au soir, les divisions Masséna et Augereau ainsi que la réserve marchèrent sur Brescia; mais la division autrichienne qui s'était emparée de cette ville, s'était mise en marche aussitôt pour attaquer Napoléon et était déjà arrivée à Lonato.

Le 31, le général Dallemagne reprit Lonato, à la suite d'un combat longtemps indécis et où la 32ᵉ de ligne s'immortalisa; elle était commandée par le brave colonel Dupuy (tué depuis, étant général, au Caire) : c'est le premier combat de Lonato.

L'armée française s'établit sur la Chiesa; Quasdanowich se retira par les montagnes sur Gavardo. Le 1ᵉʳ août, à dix heures du matin, la division Augereau, conduite par Napoléon, entra dans Brescia.

Les affaires des Autrichiens n'étaient point encore en trop mauvais état; mais pour déjouer le plan si hardi de Napoléon, il eût fallu que Wurmser se fût hâté de passer le Mincio, sous Peschiera, le 31 juillet. Il eût pu facilement arriver à Lonato; la jonction avec Quasdanowich se fût opérée et l'armée française n'eût eu d'autre parti à prendre que de regagner, en toute hâte, le Tésin ou Plaisance ; Wurmser eût pu ensuite triompher à son aise dans Mantoue.

Au lieu de songer à rejoindre son lieutenant, avec toute la promptitude possible, Wurmser alla faire son entrée à Mantoue au son des cloches, et ne passa le Mincio à Goïto, que le 2 août au soir, se dirigeant sur Castiglione. Quasdanowich, favorisé dans son mouvement rétrograde par les montagnes et les bois de Gavardo, était bien en retraite, mais il n'avait pas été entamé sérieusement.

Le 2 août, Augereau retourna à Monte-Chiaro, Masséna prit position à Lonato et à Ponte-San-Marco.

Ce même 2 août, sur le soir, le général Valette

(destitué bientôt après), chargé de défendre Castiglione et de retenir l'avant-garde de Wurmser loin de l'armée, abandonna Castiglione avec la moitié de sa troupe et vint à Monte-Chiaro jeter l'alarme dans la division Augereau.

Le 3 août, cette division appuyée de la réserve, se porta sur Castiglione, la division Masséna étant toujours à Lonato.

Pour déterminer Quasdanowich à continuer sa retraite, le général français menaça ses communications avec le Tyrol et envoya l'ordre au général Guyeux de filer sur Salo.

Rien de ce qui avait été prévu n'arriva ; Napoléon avait cru attaquer Wurmser et il tomba, au contraire, sur la gauche de Quasdanowich, qui s'était mis en mouvement pour chercher de nouveau à opérer, par Lonato, sa jonction avec son général en chef. Suivant la méthode des Autrichiens, Quasdanowich avait divisé son corps en plusieurs colonnes : l'une d'elles vint donner à Lonato sur l'avant-garde de Masséna qui, s'étant engagée avec trop d'ardeur, éprouva quelques pertes. Mais le général en chef qui arrivait avec le gros de la division, rétablit le combat, enleva Lonato et fit poursuivre vivement cette colonne de Quasdanowich.

Mais par un hasard heureux pour l'ennemi, une petite colonne autrichienne qui était arrivée à Salo avant Guyeux, n'y trouvant personne, avait pris le parti d'avancer par le chemin qu'avait suivi celle que la division Masséna venait de battre. Elle rencontra ses débris et contribua à la rallier.

Ce soir-là (3 août), Quasdanowich fit reprendre à ses colonnes leurs premières positions à Gavardo. Or, pendant que Napoléon battait Quasdanowich, tout en voulant marcher sur Wurmser, Augereau attaquait et défaisait à Castiglione l'avant-garde du maréchal. Ce jour-là et le surlendemain, Augereau fut grand général, ce qui ne lui arriva plus de sa vie.

Le 4, après cet échec reçu la veille, Wurmser n'avançant point avec résolution, Napoléon profita de la journée qu'on lui laissait pour lancer Guyeux et Saint-Hilaire contre Quasdanowich. Ces généraux eurent l'adresse d'arriver, sans être aperçus, jusque derrière Gavardo qu'occupaient les douze ou quinze mille hommes de Quasdanowich. Menacé à revers, ce général se détermina enfin à reprendre le chemin de Riva, à l'extrémité septentrionale du lac.

Napoléon se trouva ainsi débarrassé de ce corps d'armée encore très-menaçant la veille ; sa force était aussi dangereuse que sa direction ; s'il y eût été fidèle, il pouvait faire une guerre de chicane derrière la gauche de l'armée française et l'empêcher d'avancer jusqu'au Mincio.

Ce fut dans ces circonstances (le 4 août à 5 heures

du soir) et pendant que Quasnadowich prenait la résolution de se retirer sur Riva, qu'eut lieu cette fameuse surprise de Lonato, dont le général français sut se tirer avec tant de présence d'esprit.

Deux mille Autrichiens, menacés d'être fusillés, eurent la bonhomie de mettre bas les armes; ils avaient quatre pièces de canon.

On voit bien ici la différence du génie des deux peuples : au moment même où ce corps de deux mille hommes se rendait prisonnier, sans avoir l'idée de tenter la fortune des armes, le camp de Gavardo était attaqué à l'improviste, par Guyeux et Saint-Hilaire. La surprise de Gavardo entraîna la fuite d'un corps de douze à quinze mille Autrichiens ; tandis que la surprise du quartier général de Napoléon lui valut plus de prisonniers qu'il n'avait de soldats avec lui.

Toutes les manœuvres dont nous venons de rendre compte étaient habiles, audacieuses, mais il n'y avait rien encore de définitif. Si Quasdanowich n'eût pas eu l'idée singulière de fuir plus loin qu'on ne le poursuivait, il eût pu correspondre avec son général en chef, par Garda ou même par Dezenzano. Les deux corps autrichiens pouvaient attaquer ensemble et se donner rendez-vous à Lonato.

Mais rien de pareil n'eut lieu ; Wurmser manquait d'activité et Quasdanowich d'audace.

Le combat qui devait décider le succès final de toute l'opération se livra le 5 août.

Wurmser fit plusieurs détachements et enfin eut l'esprit de n'arriver sur le champ de bataille décisif, qu'avec vingt-cinq mille hommes. Les divisions Masséna et Augereau, réunies à la réserve et que Bonaparte avait placées près de Castiglione, présentaient à elles seules, une force égale à celle de l'ennemi, et le général français attendait encore la division Serrurier, qui devait déboucher sur les derrières de la gauche autrichienne.

« Le 5 août, à la pointe du jour, nous nous trou» vâmes en présence, dit Napoléon dans son rap» port au Directoire[1], cependant il était six heures
» du matin et rien ne bougeait encore. Je fis faire
» un mouvement rétrograde à toute l'armée, pour
» attirer l'ennemi sur nous. »

Le combat commença ; mais les Français se battaient sans chercher à pousser l'ennemi ; tout à coup les troupes de Serrurier paraissent au loin dans la plaine, près de Cavriana ; Bonaparte engage sérieusement sa droite et son centre.

Wurmser se voit tourné par sa gauche ; il craint d'être culbuté dans le lac de Garde ; il juge, enfin, qu'une prompte retraite peut seule le sauver ; il

---

1. *Œuvres de Napoléon*, 4. vol. chez Pankouke, 1826, tome Ier, page 104.

repasse le Mincio, en abandonnant vingt pièces de canon.

Mais il pouvait appeler à lui le corps de Quasdanowich et s'établir solidement sur le Mincio; rien ne l'empêchait d'appuyer sa gauche à Mantoue, dont la garnison, forte de quinze mille hommes de troupes fraîches, était maintenant libre d'agir.

Le 6 août, tandis que le gros de l'armée française occupait les Autrichiens sur le Mincio par une vive canonnade, Masséna se hâte de passer cette rivière à Peschiera, et vient fondre sur l'aile droite de Wurmser, établie en face de cette place. Des retranchements à peine ébauchés furent emportés avec valeur, et les ennemis prirent enfin le parti de rentrer dans la vallée de l'Adige; le général Victor se distingua dans cette affaire.

Le 7 août, à dix heures du soir, Napoléon rentra dans Vérone et, à cette occasion, le provéditeur vénitien joua le rôle le plus comique : il se prétendait neutre et manquait de bonne foi; il voulait montrer de la force contre une armée victorieuse, et n'avait pas un soldat qui voulût se battre.

Wurmser marcha vite pour la première fois; il remonta la vallée de l'Adige jusqu'à Alla. Le général Bonaparte ne manqua pas de le faire poursuivre et, enfin, au 12 août, l'armée française avait repris tous les postes qu'elle occupait avant le mouvement offensif du maréchal autrichien.

Des succès si étonnants avaient été achetés par la perte irréparable de tout le gros canon que l'armée avait réuni avec tant de peine sous les murs de Mantoue. La division Serrurier, commandée par le général Fiorella, retourna devant cette place ; mais il ne fut plus question du siége, il fallut se contenter d'un simple blocus ; le général Sahuguet en fut chargé.

Loin d'avoir rejeté les Français sous Alexandrie, le maréchal Wurmser était rentré dans le Tyrol, affaibli de dix ou douze mille hommes et de cinquante pièces de canon ; mais, ce qui était bien plus important, il avait perdu l'honneur des armes.

Si ce général eût eu autant d'instruction que de bravoure personnelle, il eût pu trouver des avertissements utiles dans l'histoire militaire. C'est, en effet, sur le théâtre même de sa défaite, que le prince Eugène de Savoie fit, en 1705, son admirable campagne contre M. de Vendôme. Ce général qui passait pour un des plus vifs parmi ceux de Louis XIV, avait Mantoue pour lui et il laissa déborder sa gauche. Le prince Eugène eut l'incroyable audace de transporter son infanterie de la rive gauche du lac à Gavardo, au moyen de bateaux naviguant sur un lac qui est agité par les vents comme la mer. Ce mouvement singulier ne dura pas moins de six jours ; il n'eût pas fallu la moitié de ce temps à Napoléon pour détruire une armée qui eût osé tenter une telle entreprise en sa présence. Il faut avouer qu'entre 1705 et 1796, le grand Frédéric a paru et qu'il a introduit la rapidité de marche dans l'art militaire.

XI

Le 19 août 1796, le roi d'Espagne conclut avec la République un traité d'ailliance offensive et défensive. Cet événement eut une influence salutaire sur les gouvernements de Naples et de Turin. Il faut se rappeler ce qui ne cessa pas d'être vrai : le roi de Sardaigne pouvait détruire l'armée française, en cas de revers sur l'Adige. Par suite de l'impéritie du Directoire, l'armée piémontaise ne se battait pas sous les ordres de Bonaparte ; elle était intacte et une intrigue de cour pouvait la lancer contre lui.

A peine les Autrichiens furent-ils rentrés dans le Tyrol, que Wurmser ayant été joint par quelques bataillons, se trouva de nouveau supérieur en nombre aux Français. Ce maréchal reçut l'ordre positif de délivrer Mantoue, et il connaissait si peu le caractère de son adversaire, qu'il s'imagina pouvoir atteindre ce but sans combats.

Davidowich, avec vingt mille hommes, fut chargé de la défense du Tyrol ; Wurmser lui-même, avec les vingt-six mille restant, passa les montagnes qui forment la vallée de l'Adige vers la source de la Brenta, et suivit le cours de cette rivière, dans le dessein de déboucher par Porto Legnano, sur les derrières de l'armée française.

Le hasard voulut qu'au moment où Wurmser s'enfonçait dans la vallée de la Brenta, le général français qui venait de recevoir un renfort de six mille hommes, s'avançait de son côté dans le Tyrol. Il voulait tâcher de faire sa jonction avec l'armée du Rhin. Quelques mois auparavant, après la paix avec le roi de Sardaigne, Napoléon avait présenté cette idée au Directoire, mais Jourdan s'était fait battre ; Moreau, compromis, se mit en retraite et ne put plus songer à pénétrer dans le Tyrol.

Napoléon ignorait la défaite de Jourdan, aussi bien que les mouvements de Wurmser sur Bassano, lorsque le 2 septembre il s'avança dans la vallée de l'Adige. Il y eut de brillants combats à Mori, à Calliano et une bataille à Roveredo. Les Autrichiens ne s'instruisaient point par leurs défaites et commettaient les mêmes fautes. Leurs généraux étaient vieux ; fidèles au système de la vieille guerre, ils éparpillaient leurs troupes en petits détachements devant un homme qui agissait en masse. Une tactique nouvelle eût été d'autant plus nécessaire aux Autrichiens que l'armée française, remplie d'enthousiasme pour la liberté, d'orgueil militaire et de confiance dans son chef, arrivait à des traits presque incroyables de bravoure et d'audace.

XII

DE L'ART MILITAIRE

Pendant ce long repos de l'armée d'Italie, qui dura deux mois, du 15 septembre au 15 novembre 1796, nous allons nous permettre une réflexion.

Ce livre, je le sens, présente trop souvent des récits de bataille; mais comment éviter ce défilé, si notre héros a commencé par là, si le plaisir d'acquérir de la gloire en commandant à des soldats et de vaincre avec eux a formé son caractère?

Ces récits de combats sembleront un peu moins dénués d'intérêt, si l'on veut prendre la peine de juger les idées suivantes. Après tout, on parle sans cesse de guerre dans nos sociétés modernes. On ne se battra plus à l'avenir pour la possession d'une province, chose assez peu importante au bonheur de tous; mais pour la possession d'une Charte ou d'un *certain gouvernement.* Enfin, dans ce siècle d'universelle hypocrisie, les vertus militaires sont les seules qui ne puissent être remplacées avec avantage par l'hypocrisie.

L'art militaire, si l'on veut être de bonne foi et le dégager des grands mots, est bien simple à définir ; il consiste, pour un général en chef, à faire que ses soldats *se trouvent deux contre un sur le champ de bataille.*

Ce mot dit tout ; c'est la règle unique ; mais souvent l'on n'a que deux minutes pour l'appliquer. C'est une difficulté qui ne se surmonte nullement en faisant d'avance provision de réflexions sages et de faits bien racontés. Il faut inventer des choses raisonnables en deux minutes et souvent au milieu des cris et des émotions. Le maréchal Ney devenait, dans ces circonstances-là, un volcan d'idées raisonnables et fermes ; ailleurs, il parlait peu et mal, et même semblait troublé par timidité.

Il faut de l'enthousiasme, si l'on veut, pour exposer sa vie ; il faut de l'enthousiasme pour un capitaine de grenadiers, pour Gardanne se précipitant dans le Mincio, à Borghetto ; mais pour un général en chef, la guerre est un jeu d'échecs.

Au coin de ce château gothique, vous voyez cette tour élevée ; sur le toit d'ardoise si glissant qui la couronne, vous apercevez un couvreur qui semble petit tant il est haut placé ; s'il tombait il serait moulu. Mais là-haut, il a bien autre chose à faire que de penser au péril qu'il court; son affaire est de bien clouer son ardoise, de ne pas la faire éclater en enfonçant son clou et, en un mot, de l'attacher bien solidement.

Si, au lieu de songer à bien fixer ses ardoises, il vient à penser au péril qu'il peut courir, il ne fera rien qui vaille.

Ainsi, pour peu qu'un général ait la faiblesse de songer au péril auquel sa vie est exposée, il n'a plus qu'une demi-attention à donner à son jeu d'échecs. Or, il faut une attention profonde; car il s'agit à la fois d'inventer de grands mouvements et de prévoir les inconvénients les plus petits en apparence, mais qui peuvent tout arrêter.

De là, le profond silence qui régnait autour de Napoléon; on dit que dans les plus grandes batailles, excepté le bruit du canon plus ou moins rapproché, on eût entendu voler une guêpe au lieu où il était; on se gênait pour tousser.

Il faut, chez le général en chef, une extrême attention à la partie d'échecs, et cependant il ne lui est pas permis d'être naturel; il faut qu'il soit comédien, et là comme ailleurs, le degré de grossièreté de la comédie est calculé sur le génie de ceux pour qui elle est jouée.

On connaît les admirables singeries du grand Suwaroff. Catinat, le seul général raisonnable des dernières années de Louis XIV, avait l'air d'un froid philosophe au milieu du feu, ce qui ne convient pas au caractère français. Il faut frapper les soldats de cette nation par quelque chose de physique, de facile à saisir : être un magnifique comédien comme le roi Murat (fort ressemblant dans le tableau de la bataille d'Eylau de Gros), ou un homme singulier, unique en son espèce, environné de généraux accablés de broderies et portant une redingote grise, non d'uniforme ; mais cette redingote grise sera proscrite par la comédie, comme les panaches infinis du roi Murat, comme l'air altier du sous-lieutenant de hussards. On adorait à l'armée d'Italie jusqu'à l'air maladif du général en chef.

L'amour n'est pas difficile sur les circonstances auxquelles il se prend ; lorsqu'il y a émotion, il ne faut plus que du singulier.

C'est en général vers l'âge de vingt-deux ans, que l'homme a le plus la faculté de se décider en deux minutes sur les plus grands intérêts. L'expérience de la vie diminue cette faculté, et il me semble évident que Napoléon était moins grand général à la Moscowa, et quinze jours avant la bataille de Dresde, qu'à Arcole ou à Rivoli.

Pour un général de division, l'art de la guerre consiste à faire, avec sa division, le plus de mal possible à l'ennemi et à en recevoir le moins de dommage qu'il se peut. Le talent d'un général de division s'augmente par l'expérience, et si le corps n'a pas contracté des infirmités trop fâcheuses, c'est peut-être vers cinquante ans que ce talent est à son maximum.

On voit combien il est absurde de faire des généraux en chef avec de vieux généraux de division ; c'est pourtant ainsi qu'en agit la Prusse à Iéna. Kalkreuth, Mollendorf et le duc de Brunswick n'étaient que de vieux généraux de division de Frédéric. Pour comble de misère, plusieurs de ces vieux généraux étaient courtisans ; c'est-à-dire, sentaient chaque jour de la vie, depuis trente ans, combien facilement la plus petite circonstance peut casser le cou à un homme.

Cette règle de faire le plus de mal et d'en recevoir le moins possible descend toujours la même, du général de division jusqu'au moindre sous-lieutenant commandant un corps de vingt-cinq hommes.

Quand un général français attaque dix mille Autrichiens avec un corps de vingt mille hommes, peu importe qu'à quelques lieues du champ de bataille les Autrichiens aient un second corps de quinze ou vingt mille hommes, si ces hommes ne peuvent arriver au secours du corps premier attaqué que lorsqu'il sera détruit.

L'expérience montre que mille hommes qui se croient sûrs de vaincre en battent deux mille ou même quatre mille qui, fort braves individuellement, ont des doutes sur l'issue de l'affaire. Un régiment de hussards sabre fort bien six mille fantassins qui fuient ; qu'un général de sang-froid rallie ces fuyards derrière une haie, fasse abattre huit ou dix arbres et tourne les branches vers la cavalerie, celle-ci fuit à son tour.

Mais cette exception ne détruit nullement la règle principale et l'on peut dire unique, qui consiste, pour un général en chef, à se trouver deux contre un sur le champ de bataille.

Le principe du général en chef est absolument le même que celui des voleurs qui, au coin de la rue, se trouvent *trois contre un* autour du passant, à cent pas d'une patrouille de dix hommes. Qu'importe la patrouille qui arrivera dans trois minutes au malheureux volé !

Toutes les fois que Napoléon a coupé une aile de l'armée ennemie, il n'a fait autre chose que se trouver deux contre un.

A Roveredo, à Bassano et dans tous les combats de la campagne du Tyrol, mille Français battaient toujours trois mille Autrichiens. (Napoléon se conformait donc à la règle, en plaçant mille Français vis-à-vis mille Autrichiens.)

La grande difficulté de la *marche de flanc*, c'est qu'en supposant toujours les soldats des deux armées aussi lestes et aussi braves les uns que les autres, l'armée qui exécute la marche de flanc peut voir un de ses corps de huit mille hommes enveloppé par seize mille ennemis.

Le même accident peut arriver dans le passage de l'ordre défensif à l'ordre offensif. Une armée qui, dans l'ordre défensif, occupe la rive gauche de la Seine, de Paris à Honfleur, aura quatre-vingts ou cent postes de cent hommes chacun et cinq ou six corps de deux ou trois mille hommes. Pour passer à l'ordre offensif contre une armée venant de Chartres, par exemple, il faut qu'elle se réunisse en un seul corps ou en deux tout au plus. Si, pour cette opération, chacun des petits corps suit la ligne la plus courte, qui est celle du *front de bandière*, il est clair que cette armée, si elle attend trop tard pour son mouvement, opère réellement une *marche de flanc* sous les yeux de l'ennemi ; ce qui donne à celui-ci l'occasion d'attaquer deux mille hommes avec quatre mille.

Peu importe qu'à cinq lieues du champ de bataille, les deux mille hommes attaqués aient six mille camarades ; ceux-ci ne pourront arriver que lorsque les deux mille attaqués seront *détruits* (c'est-à-dire deux cents tués, six cents blessés, quatre cents prisonniers et six cents découragés, ou *démoralisés*, en langage militaire.)

Ainsi, le général Mack, dans sa campagne contre Championnet (1799), avait raison ; son erreur unique lorsqu'il vint de Naples attaquer les Français dans

Rome, consista à se figurer qu'il avait des soldats. Ce point admis partout, six mille Napolitains attaquèrent trois mille Français ; un général en chef ne pouvait faire plus.

Une chose jette la confusion dans tous les discours de guerre, les langues modernes n'ont que le même mot *armée*, pour exprimer une armée rassemblée de façon à pouvoir donner bataille dans une heure et une armée disséminée pour vivre et occupant vingt lieues de terrain. Par exemple, on appelle une *armée*, cent mille hommes rassemblés, savoir : vingt mille à l'arc de l'Étoile, quarante mille dans le bois de Boulogne, vingt mille à Boulogne et vingt mille à Auteuil ; ou bien le même nombre de soldats disséminés dans tous les villages de Boulogne à Rouen.

Il est évident que cette seconde armée ne peut donner bataille qu'autant qu'elle sera réunie ; mais pour que cette armée se rassemble dans un espace de deux lieues, en tout sens, comme le bois de Boulogne et les environs, il faut : 1° vingt-quatre heures de temps ; 2° que le général en chef lui ait fait prendre des vivres d'avance, ou réunisse dans cet étroit espace cent mille rations toutes les vingt-quatre heures.

De là, pour le dire en passant, un moyen sûr de faire mouvoir les Autrichiens, c'est d'attaquer la ville où ils ont leurs magasins ; cette ville est toujours pour une armée autrichienne ce que Mantoue fut pour l'armée du général Bonaparte à la fin de 1796 : le centre de toutes les pensées.

Tous les trente ans, selon que la mode fait donner plus d'attention à telle ou telle *recette pour battre l'ennemi*, les termes de guerre changent et le vulgaire croit avoir fait un progrès dans les idées quand il a changé les mots[1].

On peut voir les admirables réflexions de Napoléon sur les campagnes d'Annibal, Turenne, Frédéric II, César, etc. Napoléon était assez sûr de ses pensées pour oser être clair. Ces réflexions font sentir le ridicule de la plupart des phrases sur l'art de la guerre.

1. Il en est de même dans l'art de guérir les maladies.

XIII

Napoléon donna le mois d'octobre aux soins qu'exigeait l'intérieur de l'Italie.

L'invasion menaçante de Wurmser avait ranimé les espérances de la cour de Rome, qui n'exécutait plus les conditions de l'armistice de Foligno. Il fallait négocier et menacer à propos, pour dominer ce pouvoir dangereux; vingt mois plus tard, on vit les prodiges que le cardinal Ruffo put faire dans les Calabres, avec l'exaltation religieuse [1].

La régence de Modène avait violé scandaleusement les conditions de l'armistice, en livrant à la garnison de Mantoue des approvisionnements préparés d'avance; les Français occupèrent Modène.

---

[1]. Voir le très-véridique Coletta : *Histoire de Naples de 1735 à 1815.*

Les patriotes de Reggio firent eux-mêmes leur révolution.

Il fut question de former des républiques sur le modèle de celle de France. A la suite d'un congrès provoqué et sagement organisé par le général français, Bologne et Ferrare formèrent une république; Reggio en forma une seconde. Ces républiques qui, par allusion aux anciens noms des provinces romaines, prirent le nom de *Cispadanes*, n'existèrent qu'un moment. Bonaparte ne cherchait à établir ces États que dans l'intérêt de son armée ; des idées plus relevées lui étaient interdites par les préjugés de Barras et de Rewbel et par ceux des Italiens eux-mêmes. Alors, chaque ville d'Italie haïssait et méprisait la ville voisine ; cet état de choses existait suivant toute apparence, dès avant la conquête des Romains, et n'a été un peu affaibli que par l'établissement du royaume d'Italie, de 1802 à 1815. Cette haine est encore aujourd'hui le plus grand obstacle à la liberté ou, du moins, à l'indépendance de l'Italie.

En se prêtant à l'établissement de ces républiques provisoires, Napoléon eût bien voulu pouvoir conserver quelques priviléges à la noblesse et au clergé ; car il voulait, avant tout, ne pas avoir contre lui ces classes puissantes, pendant la lutte qui allait s'engager sur l'Adige. Les revers des armées de la République en Allemagne lui faisaient regarder comme fort prochaine cette lutte décisive ; mais il eût été souverainement imprudent de parler d'autre chose que de *démocratie pure*, aux jeunes patriotes qui formaient son armée.

La juste crainte d'être rendus à l'Autriche, comme compensation de la Belgique, lors de la conclusion de la paix, refroidissait l'enthousiasme des Milanais. Par probité politique, le général Bonaparte chercha à compromettre le moins possible ces peuples qui pouvaient être si malheureux, si jamais l'Autriche avait pouvoir de les punir de leur amour pour les Français [1] ; en cela, il obéissait aux vues du Directoire, raisonnable une fois.

Le but réel de toute cette apparence d'organisation politique de la haute Italie, était d'occuper l'amour-propre des peuples et de porter la Lombardie à lever quelques légions soldées qui, de concert avec les gardes nationales des républiques du Pô, maintiendraient l'ordre dans l'intérieur du pays conquis, et par ce moyen une partie des garnisons françaises deviendrait disponible.

Le reste de l'Italie prenait un aspect peu rassurant pour l'armée ; les négociations avec Naples traînaient en longueur ; la politique du Piémont paraissait incertaine. Il était miraculeux que le roi

---

1. Les déportés aux bouches du Cattaro en 1799 ; je les vis rentrer à Brescia en 1801. Voir l'histoire pittoresque de cette prison par le pauvre Apostoli c. d. l. a. En 1821, prison du Spielberg dans *Le mie Prigioni*, de Silvio Pellico.

Victor-Amédée ne s'aperçût pas que sa position était absolument la même que celle de son aïeul Charles II en 1703, lorsque celui-ci se déclara contre les armées de Louis XIV qui étaient sur l'Adige et entraîna leur ruine.

Le Pape, revenu de sa première terreur, ne songeait plus à la paix ; le Sénat de Gênes, fatigué des réquisitions frappées pour la subsistance des troupes françaises, fomentait les troubles qui se déclaraient dans les fiefs impériaux, enclavés dans son territoire.

Quant à Venise, la haine qu'elle portait à la République française était extrême ; elle avait des moyens de nuire infiniment à l'armée, mais les lumières et le courage lui manquaient presque également ; heureusement pour la France, les Morosini, les Dandolo, les Alviane, n'existaient plus en ce pays. Leurs faibles successeurs ne s'aperçurent pas même qu'ils tenaient en leurs mains le sort de cette armée, qui leur faisait tant de peur.

Là, comme ailleurs, la vieille Europe n'avait à opposer à la République que de la finesse et des trahisons ; la force de vouloir n'existait plus hors de France ; on ne voit d'exception que pour Pitt et Nelson. C'est peut-être pour cela que l'Angleterre, si peu intéressée aux débats des vieilles monarchies du continent avec la République, finit par se trouver à la tête de la coalition, car je ne puis croire qu'en 1796 l'aristocratie anglaise eût quelque chose à craindre des radicaux.

Quoi qu'il en soit, l'Angleterre paie encore aujourd'hui ce plaisir d'orgueil que son aristocratie se donna il y a quarante ans ; il existe une dette énorme dont il faut solder les intérêts.

La France, qui avait alors vingt-cinq millions d'habitants, en compte trente-trois millions aujourd'hui (1837) ; le peuple y est devenu propriétaire ; il a acquis de l'aisance, de la moralité et du loisir ; tandis que dix millions d'Anglais, sur quinze, sont obligés de travailler quatorze heures par jour, sous peine d'expirer de faim dans la rue. Ainsi, l'Angleterre est aujourd'hui le seul pays de l'Europe qui se ressente des maux causés par la guerre de la Révolution, et la France croît et s'élève, malgré son incertitude sur le gouvernement qu'elle aura en 1847.

Pour rendre tolérable la situation des non-propriétaires, l'aristocratie anglaise se voit obligée à se dessaisir de ses priviléges ; il faut qu'elle accorde plus de liberté et cela sous peine de révolte imminente. Voilà, ce me semble, une terrible réponse à M. Pitt ; probablement, un avenir voisin en garde une semblable à M. de Metternich.

En octobre 1796, Napoléon cherchait surtout à prolonger le sommeil de Venise ; il avait pour rival dans cette entreprise le procurateur Pezaro qui, à force d'instances et en dévorant mille humiliations, détermina un Sénat imbécile à ordonner la levée de milices esclavonnes et l'armement d'une flotille pour la défense des lagunes.

La conduite de la cour de Rome devenait intolérable, et Bonaparte se disposait à marcher sur cette ville, lorsque les mouvements des armées autrichiennes le forcèrent à s'occuper uniquement de ce qui allait se passer sur l'Adige.

Le Directoire, se refusant toujours à comprendre sa véritable position en Italie, avait fait présenter au Pape un projet de traité en soixante-quatre articles, tel qu'il aurait pu l'imposer si son armée eût été campée sur le Janicule.

Cette insolence eut un effet malheureux pour l'armée; la cour de Rome regarda l'armistice comme non avenu, et l'argent destiné à payer la contribution de guerre rétrograda.

Les neuvaines, les prières des quarante heures, les processions, tout fut mis en usage pour enflammer la haine d'une multitude ignorante et passionnée qui, plus tard, donna d'excellents soldats à la France. Le connétable Colonne leva un régiment d'infanterie; le prince Giustiniani en offrit un de cavalerie; on parvint ainsi à mettre sur pied huit mille hommes. Nous verrons plus tard le sort burlesque de cette armée.

La position de celle de la République fut un peu

améliorée par le traité de paix avec Naples, qui fut signé le 10 octobre ; Napoléon avait convaincu Carnot de la nécessité de cette paix, à laquelle les quatre autres membres du Directoire ne consentirent qu'à regret. La Réveillère-Lepeaux avait une âme noble et droite ; Rewbell ne manquait pas de talents administratifs ; mais l'on peut dire que le Directoire ne comprit jamais un mot aux affaires d'Italie.

Le vieux roi de Sardaigne vint à mourir ; le nouveau roi Charles-Emmanuel répondit aux propositions d'alliance, en demandant qu'on lui cédât la Lombardie. Le Directoire devait promettre au moins une partie de cette province et autoriser Napoléon à répandre quatre millions parmi les courtisans du nouveau roi. C'est ce qu'il se garda bien de faire ; les Directeurs semblaient préparer à plaisir le grand événement qui fut sur le point d'éclater à Arcole. Ils s'obstinaient à ne pas voir que l'armée d'Italie était aventurée, sans base d'opérations et même sans ligne de retraite, si le Piémont venait à changer de politique.

Au moment de ses plus grands embarras sur l'Adige, Napoléon envoya un aide de camp au doge de Gênes, avec une série de griefs dont il demandait réparation, menaçant, en cas de refus, de marcher sur Gênes. Il ne se trouva personne dans l'aristocratie génoise pour rire au nez de l'aide de camp, et le 9 octobre, elle signa un traité par lequel elle se mettait à la disposition de la République française et s'obligeait à payer quatre millions.

Les paysans des fiefs impériaux étaient moins étiolés que cette aristocratie ; ils trouvèrent du courage au service de leur haine ; il y eut un second soulèvement qui fut dissipé par une colonne mobile.

Les Corses, mécontents des Anglais qu'ils avaient appelés dans leur île, leur tirèrent des coups de fusil ; le général anglais occupa Porto-Ferrajo. Napoléon ménagea avec beaucoup d'adresse l'expédition du général Gentili qui, malgré les croisières ennemies, parvint à débarquer en Corse avec quelques soldats, le 19 octobre 1796. En peu de jours Gentili chassa les Anglais et les émigrés français.

Telles furent les occupations politiques de Napoléon depuis le combat de Saint-George le 15 septembre 1796, jusqu'à l'attaque infructueuse de Caldiero, le 12 novembre suivant. Il ne fut nullement secondé par le Directoire qui, peut-être au fond, désirait qu'il fût battu. On pense bien que sa correspondance avec ce gouvernement inhabile et malveillant, n'était pas un modèle de franchise.

XIV

Napoléon ne voulait pas choquer le Directoire pour des détails. On volait scandaleusement à son armée, soit sur les réquisitions en nature imposées au pays, soit sur les contributions en argent. Les hommes qui avaient la direction de toutes ces affaires lui étaient imposés par le Directoire et se donnaient pour des parents ou des protégés des Directeurs. Le général Bonaparte, qui était souvent obligé de ne pas suivre les ordres absurdes qu'il recevait de Paris, à propos d'affaires de la plus haute importance, n'eût pas voulu se brouiller avec les Directeurs pour des misères. Qu'importait, en effet, à l'armée que tel cousin de Barras volât deux ou trois cent mille francs? L'essentiel était qu'on lui envoyât un renfort de deux ou trois mille hommes.

Il est impossible que Napoléon n'ait pas eu, dès

cette époque, l'idée, réalisée plus tard, d'établir un receveur général, dans la caisse duquel auraient été versées toutes les contributions. Rien ne serait sorti de cette caisse que sur la signature d'un magistrat nommé Ordonnateur en chef ou *Intendant général.* On voit par les rapports du général en chef au Directoire, qu'il avait trouvé pour remplir cette place importante un homme de talent et d'une probité irréprochable : l'ordonnateur Boinod. Rien n'était donc plus simple que d'organiser cette administration, mais :

1° Le général se serait fait une foule d'ennemis.

2° A Paris, la misère et les embarras d'argent du Directoire, étaient inimaginables. Le trésor national ne recevait, par les impositions, que des assignats valant en numéraire la cent cinquantième partie de leur valeur nominale. Le Directoire était obligé de passer du régime des assignats à celui de la monnaie métallique. Aucun des Directeurs n'était assez instruit en économie politique pour se confier à la force des choses et comprendre qu'une grande nation ayant toujours besoin d'une monnaie pour ses échanges de tous les jours, donnera nécessairement crédit, pour tout le temps désirable, à cette mise en avant par le gouvernement.

Le Directoire croyait avoir le plus pressant besoin du crédit des hommes à affaires qui l'environnaient ;

il était persuadé que, sans eux, la France serait perdue.

Barras protégeait la plupart de ces agents d'affaires, qui arrivaient en Italie avec des commissions du Directoire. Napoléon devait à ce Directeur la place de général en chef ; il avait été nominalement sous ses ordres, à l'époque du 13 vendémiaire, et c'est alors que sa fortune avait commencé.

Dans la distribution intérieure du travail parmi les membres du Directoire, Barras était chargé du personnel des armées, comme Carnot de leur mouvement et de la partie des plans de campagne.

Mais les employés fripons, protégés par le Directoire, n'étaient pas le seul embarras du général en chef. L'armée d'Italie était alors embarrassée par des commissaires du gouvernement, en perpétuelle rivalité avec le général en chef. Ces commissaires avaient été représentants du peuple et se souvenaient encore du grand rôle qu'ils avaient joué aux armées, dans le temps du gouvernement révolutionnaire. Alors, par un simple arrêté, ils ôtaient son commandement à un général et le renvoyaient au tribunal révolutionnaire, qui ne manquait pas de faire tomber sa tête.

Il paraît que les commissaires du gouvernement près l'armée d'Italie décidaient de l'emplacement des troupes. C'était sur leurs ordres, par exemple, qu'une demi-brigade était employée à l'armée active, ou tenait garnison dans quelque place de la Ligurie. Il paraît que ces commissaires avaient un pouvoir très-étendu sur les sommes provenant des contributions imposées par l'armée aux petits princes d'Italie. La correspondance de Napoléon montre qu'ils se permettaient de prendre des arrêtés pour mettre en réquisition des généraux de division de l'armée d'Italie [1] ; il est vrai que Bonaparte défendait à ses généraux d'obéir à ces arrêtés.

Les noms de ces commissaires étaient Garrau et Salicetti ; le second fut un homme d'une rare sagacité ; il fut plus tard premier ministre et ministre de la police d'un des rois français, à Naples ; il périt empoisonné par un de ses subordonnés. Une autre fois, on avait fait sauter son palais.

Il ne pouvait convenir à la politique de Napoléon de se livrer aux mouvements de colère que lui donnaient les friponneries des employés et fournisseurs protégés par le Directoire, et le désordre à peu près complet des finances de son armée. Il osait encore moins se plaindre des entreprises des commissaires du gouvernement Garrau et Salicetti.

Le Directoire lui envoya un général, chargé d'observer sa conduite en secret et de correspondre à ce sujet avec le Directoire. Napoléon pouvait facilement faire courir de bien grands dangers au

---

1. *Œuvres de Napoléon Bonaparte.* — Pankouke, tome Ier.

général Clarke, chargé de cette singulière mission. Ce procédé eût été tout à fait dans les anciennes mœurs italiennes; mais Napoléon, qui en sentait les mouvements au fond du cœur, savait les corriger par l'empire de la raison; il aima mieux gagner le général Clarke qui, plus tard, devint un des instruments de son gouvernement et de celui de Louis XVIII.

Vers la fin de la campagne de 1797, le Directoire fut dans le cas de traiter d'égal à égal avec Napoléon et lui dépêcha, à cet effet, M. Bottot[1] le favori de Barras.

Les Directeurs n'étaient, il est vrai, que des bourgeois, unis par toutes sortes de petites passions. Bonaparte est un grand homme; mais il ne faut point oublier qu'il a fini par renverser le Directoire et la République elle-même; et que les Directeurs sont bien loin d'avoir usé, à son égard, de toute la sévérité de leurs devoirs.

Probablement, le lecteur pense que c'est aux choses que Napoléon fit après la première campagne d'Autriche, en 1805, qu'il faut attribuer tous les maux que la France a soufferts des *Restaurations*.

Mais Napoléon ne prévoyait point la Restaura-

1. Sous l'Empire, M. Bottot, un peu exilé, vivait en philosophe et avec sa maîtresse, mère de deux jolies filles, dans une charmante habitation, à la porte de Genève. R. C.

tion : il ne craignit jamais que les Jacobins. Son éducation, restée extrêmement imparfaite, ne lui permettait point de voir les conséquences historiques des choses. Au lieu de les poser froidement, il avait le sentiment des dangers que lui, personnellement, pourrait courir et alors sa grande âme lui répondait par le mot : *Alors comme alors.*

On peut dire que dans les mesures qui ont le plus contribué à créer la possibilité du retour des Bourbons, Napoléon a agi purement par instinct militaire, pour se guérir de la peur que lui faisaient les Jacobins.

Plus tard, il agit par vanité puérile, pour se montrer digne du noble corps des Rois, dans lequel il venait d'entrer. Et, enfin, c'est pour ne pas encourir le reproche d'être un roi faible et cruel, qu'il est tombé dans l'acte de clémence excessive, qui a été la cause immédiate de sa chute.

Voici ce que tout le monde voyait en Italie, au commencement de novembre 1796. Pour résister à soixante mille hommes, Napoléon n'en avait que trente-six mille, fatigués par le gain de neuf batailles et des marches énormes ; encore, chaque jour un grand nombre trouvait la fièvre dans les environs de Mantoue, si malsains à la fin de l'automne, et que pourtant il fallait occuper. Bonaparte écrivait sa position au Directoire ; il lui disait avec chagrin que la République allait perdre l'Italie.

XV

Pendant ces deux mois, du 15 septembre au 15 novembre 1796, les principales forces de l'armée française restèrent en observation sur la Brenta et l'Adige. La partie de cette armée qui bloquait Mantoue fut attaquée de fièvres épidémiques qui encombrèrent les hôpitaux et diminuèrent considérablement le nombre des combattants ; il y eut jusqu'à quinze mille malades ; la santé du général en chef donnait, elle-même, de grandes inquiétudes. Cette armée, sous tout autre commandant, eût bientôt été sous Alexandrie, peut-être au Var.

Les renforts n'arrivaient qu'avec une extrême lenteur. Le baron de Thugut, au contraire, déployait une activité admirable ; il voulait absolument essayer encore de délivrer Mantoue. Le maréchal Alvinzi fut appelé au commandement en chef de l'armée autrichienne en Italie ; il eut pour lieutenants Quasdanowich et Davidowich.

Le lecteur se souvient peut-être qu'après la défaite de Bassano, Quasdanowich ne pouvant passer la Brenta à la suite de son général en chef Wurmser, s'était replié sur Gorice : son corps fut porté à environ vingt-cinq mille hommes. Celui du général Davidowich s'éleva de nouveau à près de vingt mille.

Il faut admirer la fermeté et la constance du conseil aulique ou du ministre Thugut (je ne sais lequel des deux). Que n'eût pas fait Napoléon s'il eût été secondé par un tel gouvernement ! mais sa gloire eût été moins grande, et le peuple français n'aurait pas à s'enorgueillir éternellement d'avoir produit l'homme qui osa ne pas se mettre en retraite la veille d'Arcole.

Le général en chef Alvinzi se rendit auprès du corps de Quasdanowich et reprit l'offensive en se dirigeant, par Bassano, sur Vérone, où il espérait effectuer sa jonction avec Davidowich qui reçut l'ordre de descendre l'Adige.

Si Napoléon s'avançait à la rencontre d'Alvinzi et s'éloignait de Vérone, il donnait à Davidowich la possibilité de culbuter Vaubois, de se réunir à Wurmser sous Mantoue et d'établir ainsi, sur ses derrières, une armée supérieure en nombre à tout ce qu'il aurait pu réunir.

Si, au contraire, il se déterminait à porter le gros de ses forces sur Roveredo, il ouvrait au général Alvinzi le chemin de Mantoue ; ce qui, en sens inverse, aurait amené le même résultat.

Si l'armée française se concentrait tout entière sous Vérone, Alvinzi et Davidowich pouvaient se réunir par la vallée de la Brenta. Cependant, pour que les Français ne fussent pas anéantis, il fallait empêcher la jonction de ces deux généraux, non moins que la réunion de l'un d'eux avec Wurmser.

Le problème paraissait insoluble.

Vaubois était trop inférieur en nombre pour pouvoir défendre la ville de Trente ; Napoléon lui fit prendre l'offensive pour essayer d'intimider Davidowich. Le 2 novembre, Vaubois obtint quelques avantages à Saint-Michel, dans la vallée de l'Adige ; mais il fut obligé de battre en retraite le lendemain et se porta à Calliano. Le 4, Davidowich entra dans Trente ; le même jour l'armée d'Alvinzi arriva à Bassano. A l'approche de l'ennemi, Masséna se retira par Vicence et s'établit à Montebello.

La communication entre les deux parties de l'armée autrichienne semblait assurée ; mais, par bonheur, les généraux ennemis continuèrent à agir séparément. Davidowich marcha sur Calliano et Alvinzi sur Vérone.

Napoléon essaya de battre Alvinzi. S'il y parvenait,

il comptait remonter la Brenta, pour venir assaillir en queue Davidowich.

Il s'avança vers la Brenta avec Augereau et Masséna ; l'ennemi était déjà en deçà de cette rivière.

Le 6 novembre, Masséna attaqua à Carmignano la gauche d'Alvinzi commandée par Provera ; Augereau attaqua la droite à Lenove ; mais ils n'obtinrent qu'un demi-succès. Provera repassa la Brenta et l'aile droite autrichienne se rapprocha de Bassano. Napoléon apprit que Vaubois était vivement pressé dans la vallée de l'Adige ; alors il sentit l'absence des renforts promis par le Directoire. Si dix mille hommes, pris parmi ceux qui se reposaient derrière Strasbourg, eussent été avec Vaubois, rien n'était compromis.

Dans l'état actuel des choses, il fallut renoncer à tous les grands projets. Dès le 7 novembre, au grand étonnement des gens du pays, Napoléon battit en retraite et reprit le chemin de Vérone. Alvinzi le suivit et arriva le 11 à Villa-Nova. Vaubois se retirait, tout en soutenant de rudes combats et, enfin le 8 au matin, il était à la Corona.

Napoléon courut en toute hâte à cette division ; il fit des reproches aux 39ᵉ et 85ᵉ demi-brigades, qui avaient faibli à Calliano.

Cependant l'armée commençait à être resserrée de trop près ; il fallait attaquer sous peine d'être cerné.

Alvinzi était établi sur les hauteurs de Caldiero, à trois lieues de Vérone. Ce sont les derniers contreforts des Alpes ; elles descendent graduellement jusqu'à l'Adige, et la chaussée de Vérone à Vicence est établie à leur base. Ces hauteurs d'une pente fort raide, et couvertes de vignes, flanquées d'un côté par l'Adige et de l'autre par les hautes montagnes auxquelles elles se rattachent, forment une des positions militaires les plus remarquables ; Alvinzi les avait occupées avec beaucoup de talent. Le 12, Napoléon l'attaqua avec les divisions Masséna et Augereau ; pour la première fois de sa vie il fut repoussé.

Rentré dans Vérone, il se vit dans une position désespérée ; il était trop faible partout, et son armée, se croyant abandonnée par la mère patrie, se décourageait. Tout autre général, à sa place, n'eût songé qu'à repasser le Mincio, et l'Italie eût été perdue. Les Français ne parvenaient à battre l'ennemi, en n'étant souvent qu'un contre trois, que parce qu'ils se croyaient invincibles.

Le génie de Napoléon lui fit trouver un parti singulier, qui l'exposait à un grand danger ; mais enfin, c'était le seul qui laissât encore quelque chance de succès. Il résolut de couper Alvinzi.

Alvinzi, en se présentant devant Vérone, par la route de Caldiero, avait à sa droite des montagnes impraticables ; à sa gauche l'Adige ; en face, une place dont l'enceinte était à l'abri d'un coup de main. Le terrain qu'il occupait, fermé ainsi de trois côtés, ne lui offrait d'autre issue, du côté de Vicence, que le défilé de Villa-Nova.

En passant l'Adige à Ronco, Napoléon menaçait cette issue ; il forçait l'ennemi à combattre face en arrière, pour s'ouvrir un passage ; enfin, l'armée française serait placée dans un terrain marécageux, où l'on ne pouvait combattre que sur trois digues ; une qui, à partir de Ronco, remonte l'Adige, le long de la rive gauche ; la seconde qui le descend, et la troisième qui, de Ronco, conduit au village d'Arcole.

Sur ces digues, Napoléon pouvait, à volonté, se mettre sur la défensive; la question du nombre des combattants était écartée, et il tirait parti de la supériorité individuelle du soldat français sur le lourd Allemand.

Cette bataille eut trois journées : les 15, 16, 17 novembre, et la victoire ne fut obtenue qu'à la fin de la troisième. Napoléon ne songeait pas uniquement à l'armée d'Alvinzi, qu'il avait devant lui ; chaque soir il devait repasser sur la rive gauche de l'Adige et penser à se précautionner contre Davidowich qui pouvait fondre sur Mantoue. Non-seulement il s'agissait de toute l'Italie pour les Français ; mais la difficulté vaincue est telle, mais l'intérêt dramatique est si grand, quand on vient à penser qu'il s'agissait de la civilisation de l'Italie, avilie depuis 1530 sous le sceptre de plomb de la maison d'Autriche, que l'on me permettra, j'espère, de descendre aux détails les plus minutieux.

Napoléon avait retiré du blocus de Mantoue le général Kilmaine avec deux mille hommes ; il confia à ce détachement la défense de Vérone ; il fallait là un homme sûr ; la moindre faute eût permis à Alvinzi de donner la main à Davidowich.

D'un autre côté, pour peu que Davidowich eût d'audace, il pouvait avec ses dix-neuf mille hommes pousser Vaubois et se précipiter sur Mantoue, ou attaquer et prendre Vérone. Ainsi, le résultat de tout ce qui allait se tenter dépendait d'une attaque de Davidowich.

Le 14 novembre au soir, Napoléon partit de Vérone avec les divisions Masséna et Augereau et la réserve de cavalerie, ce qui formait un tout d'environ vingt mille hommes. Il descendit l'Adige et arriva au village de Ronco, où il fit jeter un pont sur le fleuve. Après le pont, on rencontra des marécages impraticables et au delà la petite rivière de l'Alpon, qui vient des Alpes, court du nord au midi et passe par Villa-Nova, le point unique par lequel Alvinzi pouvait se retirer, en cas de revers. Masséna se porta par la digue de gauche qui remonte l'Adige, jusqu'à Porcil ; Augereau prit celle du centre, qui aboutit au pont d'Arcole, sur l'Alpon. C'est ce pont qu'il s'agissait de passer et l'on n'y parvint point.

Une brigade de Croates, détachée en flanqueurs, sur l'extrême gauche d'Alvinzi, le défendit fort bien. Augereau fut repoussé. La surprise sur laquelle on comptait, ne put pas avoir lieu ; Alvinzi, inquiet pour ses derrières, envoya Provera, avec six bataillons, à la rencontre de Masséna à Porcil et, quant à lui, il abandonna les hauteurs de Caldiero, et avec le gros de son armée, il rétrograda sur San-Bonifacio.

Si le général français ne pouvait pas atteindre Villa-Nova, par la rive gauche de l'Alpon, il pouvait porter son armée à Porcil et agir directement sur la ligne de retraite d'Alvinzi; mais il fallait qu'il s'emparât du village d'Arcole, pour assurer sa droite et ne pas être enfermé dans ces marais.

Il fit de nouveaux efforts pour emporter le pont d'Arcole, la plupart des généraux français avaient été blessés, en voulant animer leurs soldats. Napoléon se jeta lui-même à la tête des grenadiers; ceux-ci criblés par la mitraille reculent; Napoléon tombe dans le marais; il est un instant au pouvoir de l'ennemi qui ne s'aperçoit point de la prise qu'il peut faire ; les grenadiers reviennent chercher leur général et l'emportent ; il est décidément impossible, pour eux, de prendre le pont d'Arcole.

Cependant, vers le soir, les Autrichiens abandonnèrent ce village, à l'approche d'une brigade française qui, après avoir passé l'Adige au bac d'Albaredo, s'avançait en remontant la rive gauche de l'Alpon. Mais il était déjà trop tard ; on ne pouvait plus tomber avec avantage sur les derrières d'Alvinzi surpris. Napoléon ne voulut pas se hasarder à passer la nuit avec des troupes entassées dans des marais, en présence de l'armée ennemie, déployée entre San-Bonifacio et San-Stefano ; d'ailleurs, Vaubois pouvait être attaqué et alors il fallait faire une marche forcée de nuit et arriver promptement sur le Mincio, pour empêcher la jonction de Davidowich avec Wurmser.

Toute l'armée française repassa donc sur la rive droite de l'Adige, le 15 novembre au soir. Napoléon ne laissa sur la rive gauche que les troupes nécessaires pour la garde du pont. Telle fut la première journée d'Arcole. Comme on voit, elle n'était pas favorable aux Français.

Certain que Vaubois n'avait pas été attaqué le 15 par Davidowich, le 16 au matin, Napoléon fit repasser son armée sur la rive gauche de l'Adige ; les Autrichiens avaient occupé Porcil, Arcole et Albaredo ; ils s'avancèrent vers le pont des Français, qui les repoussèrent.

Masséna entra à Porcil ; puis rabattant une de ses brigades sur le centre, coupa sur la digue une colonne de quinze cents hommes qui furent faits prisonniers. Augereau marcha de nouveau sur Arcole ; mais les scènes de la veille se reproduisirent ; les Français essuyèrent des pertes et ne purent emporter le pont. La nuit survint et, par les mêmes motifs que le jour précédent, Napoléon fit repasser l'Adige à son armée. On était bien loin, comme on voit, d'avoir gagné la bataille.

Davidowich avait attaqué la Corona le 16, et s'était emparé de Rivoli; Vaubois s'était retiré en assez bon ordre sur Castel-Novo. Le 17, à la pointe du jour, les Français reprirent le chemin du pont.

Au moment où le passage allait s'effectuer, un des bateaux du pont s'enfonça. Cet accident pouvait tout perdre; par bonheur, il fut promptement réparé; l'armée passa l'Adige et repoussa de nouveau les Autrichiens jusqu'à Porcil et Arcole; mais ce fatal pont d'Arcole sur l'Alpon, ne fut attaqué ce troisième jour que par une seule demi-brigade; il fallait encourager l'ennemi à venir sur les digues vers les Français. Masséna, lui-même, conduisit une autre demi-brigade sur Porcil. Le reste de la division fut gardé en réserve près du pont.

La division Augereau alla jeter un pont sur l'Alpon, près de l'embouchure de ce ruisseau dans l'Adige; elle devait agir ensuite contre la gauche des Autrichiens et prendre ainsi Arcole à revers.

Les Autrichiens s'étaient renforcés à Arcole; le général Robert, qui conduisait la demi-brigade française, fut tué et sa troupe vigoureusement ramenée jusque près du pont de l'Adige; mais l'ennemi la suivit avec imprudence ; c'était ce que désirait surtout le général français. Cette colonne profonde, fière d'un premier succès, vint donner sur le gros de la division Masséna ; une demi-brigade, embusquée dans les roseaux, fondit à propos sur son flanc et lui tua ou prit trois mille hommes ; le reste s'enfuit en désordre vers le pont d'Arcole ; le moment décisif était venu.

La division Augereau, après avoir passé l'Alpon, se trouvait enfin en présence de l'aile gauche des Autrichiens, laquelle appuyait sa gauche à un marais. Napoléon avait ordonné à l'officier commandant la garnison de Legnago de tourner cet obstacle et d'attaquer les derrières de l'aile autrichienne. Le canon de ces troupes ne se faisant point encore entendre, Napoléon ordonna à un officier intelligent de se glisser à travers les roseaux et de gagner la pointe de l'aile autrichienne avec une vingtaine de cavaliers et quelques trompettes.

Cette petite troupe se montra tout à coup et chargea ; l'infanterie autrichienne perdit enfin l'aplomb qu'elle avait conservé jusque-là. Augereau en profita pour l'attaquer à fond. A ce moment, les huit cents hommes de Legnago arrivèrent enfin sur les derrières de cette aile gauche autrichienne, qui précipita sa retraite vers San-Bonifacio. Ce point obtenu, la division Masséna passa le fatal pont, désormais abandonné et déboucha par Arcole et

San-Gregorio. Alvinzi n'osa pas courir les risques d'une seconde bataille, avec une armée qui, déjà, ne comptait guère plus de quinze mille hommes sous les armes; enfin, le 18 il se retira sur Montebello, et, par là, s'avoua vaincu. Les Français avaient perdu presque autant de monde que lui; mais ils avaient réussi à le chasser de Caldiero et ils avaient le loisir de se retourner contre Davidowich.

Ce général qui, pendant huit jours, avait perdu son temps devant les retranchements de la Corona, avait enfin attaqué Vaubois le 16; le 17, le général français se replia derrière le Mincio, qu'il passa à Peschiera; le 18, Davidowich s'avança jusqu'à Castel-Novo.

Napoléon avait si peu de monde, qu'il n'avait pu faire suivre Alvinzi que par sa réserve de cavalerie; le reste de l'armée se rabattit de Villa-Nova sur Vérone, où nos soldats rentrèrent triomphants par la porte de Venise, trois jours après en être sortis mystérieusement par celle de Milan.

Augereau se porta de Vérone par les montagnes sur Dolce, afin de couper la retraite à Davidowich, menacé de front par Vaubois et Masséna. Le général autrichien qui, pendant trois jours, avait tenu dans ses mains le sort de l'armée française, n'échappa à une ruine complète qu'en se hâtant de gagner Roveredo; son arrière-garde fut fortement entamée.

Alvinzi voyant qu'il n'était suivi que par de la cavalerie, retourna à Villa-Nova; mais Napoléon en avait déjà fini avec Davidowich, et se préparait à déboucher de nouveau par Vérone sur la rive gauche de l'Adige. Alvinzi isolé, n'osa tenir la campagne et se replia derrière la Brenta. S'il eût eu de l'opiniâtreté, il eût de nouveau livré bataille et fort embarrassé Napoléon.

Par une prudence excessive, ou plutôt par une absence de courage moral, tandis que les grands coups se frappaient sur l'Adige et que la supériorité tenait à si peu, Wurmser, si brave de sa personne, était demeuré tranquille dans Mantoue. Alvinzi, en commençant ses opérations, avait calculé qu'il ne pourrait arriver devant cette place que le 23 et avait engagé Wurmser à ne faire de sortie que ce jour-là; mais ce jour-là Kilmaine était déjà revenu à son poste, et le corps de blocus eut ainsi la facilité de repousser les assiégés.

Tandis que ces événements se passaient en Italie, Beurnonville resta oisif pendant deux mois (novembre et décembre), avec quatre-vingt mille hommes, n'ayant devant lui que vingt-cinq mille Autrichiens. Quel général et quel gouvernement!

XVI

PORTRAITS DE GÉNÉRAUX

Vers la fin de sa carrière, Napoléon se plut à tracer le caractère de ses généraux de l'armée d'Italie. Nous allons reproduire ces portraits, en y ajoutant quelques traits.

Il s'agit de Berthier, Masséna, Augereau, Serrurier et Joubert. Trois généraux, de talents comparables à ceux de Masséna, n'étaient pas encore arrivés à commander en chef une division; il s'agit de Lannes, de Duphot et de Murat. Davoust, dont on se moquait alors, parce que son caractère avait des qualités qui manquent ordinairement aux Français; savoir : le sang-froid, la prudence et l'opiniâtreté, et Lassalle, servaient encore dans des grades inférieurs. Kilmaine eût été un des premiers généraux de division de l'armée; mais il était toujours malade.

Tous ces généraux étaient également braves ; mais, seulement, la bravoure de chacun prenait la couleur de son caractère. Toutefois, dans le cours des manœuvres que nous allons raconter, un général fut destitué pour cause de lâcheté ; et un autre eût mérité de l'être à cause de sa légèreté.

Que n'eût pas fait Napoléon s'il eût eu à cette époque sous ses ordres les généraux Gouvion Saint-Cyr, Desaix, Kléber et Ney, et pour chef d'état-major, au lieu de Berthier, le général Soult.

Berthier était âgé d'environ quarante-deux ans ; il était né à Versailles ; son père, ingénieur-géographe des rois Louis XV et Louis XVI, était chargé de faire les plans de leurs chasses. Berthier, jeune encore, fit la guerre d'Amérique comme lieutenant ; il était colonel à l'époque de la Révolution, par une faveur spéciale du roi. Il commanda la garde nationale de Versailles, où il se montra fort opposé au parti jacobin. Employé dans la Vendée, comme chef d'état-major des armées révolutionnaires, il y fut blessé. Après le 9 Thermidor, il fut chef d'état-major de Kellermann, à l'armée des Alpes, et, l'ayant suivi à l'armée d'Italie, il eut le mérite de faire prendre à l'armée la ligne de Borghetto, qui arrêta l'ennemi. C'est peut-être la seule idée militaire que Berthier ait jamais eue. Lorsque Napoléon vint comme général en chef à l'armée d'Italie, Berthier demanda la place de chef de l'état-major général, qu'il a depuis toujours occupée. Nous verrons plus tard combien il contribua à gâter l'armée vers 1805, et à substituer, dans le cœur des officiers, l'égoïsme à l'enthousiasme de la gloire.

Il avait en 1796 une grande activité, qu'il perdit depuis ; il suivait son général dans toutes ses reconnaissances et dans toutes ses courses, sans que cela ralentît en rien son travail de bureau. Après avoir passé la journée dans la calèche de son général, à discuter tous les mouvements possibles que l'on pouvait faire exécuter à l'armée et sans jamais se hasarder à donner un conseil, qu'après y avoir été formellement invité, il se rappelait fort exactement tout ce qui avait été arrêté par le général en chef, et, à l'arrivée au gîte, donnait des ordres en conséquence. Il savait présenter avec une grande clarté les mouvements les plus compliqués d'une armée. Il lisait fort bien la nature du terrain sur une carte ; il résumait rapidement et avec une grande clarté les résultats d'une reconnaissance et dessinait, au besoin, les positions d'une façon fort nette. Son caractère indécis et dénué d'enthousiasme fut peut-être avec sa politesse parfaite et son infériorité de talents ce qui lui valut la faveur de son général.

Il fut une époque où l'envie qui animait les gens de l'ancien régime ne sachant qu'objecter aux victoires étonnantes du général Bonaparte, prit le parti de publier que Berthier était son mentor et lui fournissait ses plans de campagne. Berthier eut grand peur de ces bruits, et fit tout ce qu'il put pour les faire cesser. Bonaparte fut sensible à ce procédé. Au total, Berthier était un homme de l'ancien régime, agréable et poli dans les circonstances ordinaires de la vie, et s'éteignant dans les grandes. Nous aurons souvent occasion de dire du mal de lui.

Masséna était un tout autre homme; c'était le fils de la nature. Il ne savait rien, pas même l'orthographe; mais il avait une âme ferme et était inaccessible au découragement. Le malheur semblait redoubler l'activité de cette âme énergique, bien loin de l'éteindre. Né très-pauvre il avait le malheur d'aimer à voler, et à Rome son armée fut obligée de le chasser; mais sa valeur et son génie étaient tels, que, malgré cet horrible défaut, dont ses soldats étaient victimes, ils ne pouvaient cesser de l'aimer. Il avait toujours quelque maîtresse avec lui; en général, c'était la plus jolie femme du pays où il commandait, et il cherchait toujours à faire trouver la mort à l'aide-de-camp qui plaisait à sa maîtresse. Il avait un esprit charmant quand il était à son aise. Mais il fallait lui pardonner ses mauvaises constructions de phrases. Le buste placé sur son tombeau au cimetière du Père-Lachaise, à Paris, est ressemblant.

Au fait, c'était un Niçard (de Nice), plus Italien que Français; il n'avait jamais eu le temps de se donner la moindre éducation. Né à Nice, il était entré jeune au service de France, dans le régiment Royal-Italien ; il avança rapidement et devint général de division. Son audace, son amour pour les femmes, son absence totale de hauteur, sa familiarité énergique avec les soldats, étaient faits pour leur plaire ; il avait beaucoup du caractère que l'histoire donne à Henri IV. A l'armée d'Italie, il servit sous les généraux en chef Dugommier, Dumerbion, Kellermann et Scherer. Il était fortement constitué, infatigable, jour et nuit à cheval au milieu des rochers et dans les montagnes ; c'était le genre de guerre qu'il entendait spécialement. En 1799, il sauva la République, battue de toutes parts, par le gain de la bataille de Zurich. Sans Masséna, le terrible Suwarow entrait en Franche-Comté, au moment où les Français étaient las du Directoire, et peut-être de la liberté.

Masséna, dit Napoléon, était décidé, brave, intrépide, plein d'ambition et d'amour-propre ; son caractère distinctif était l'opiniâtreté ; il n'était jamais découragé ; il négligeait la discipline et donnait peu de soins à l'administration ; il faisait assez mal les dispositions d'une attaque ; sa conversation semblait sèche et peu intéressante, quand il se trouvait avec des gens dont il se méfiait ; mais au premier coup de canon, au milieu des boulets et des dangers, sa pensée acquérait de la force et de la clarté. On a souvent cru à l'armée et j'ai toujours soupçonné que Napoléon était un peu jaloux de lui.

Augereau, né au faubourg Saint-Marceau (à Paris), était sergent au moment de la Révolution. Il fut choisi pour aller à Naples apprendre l'exercice aux soldats du pays, lorsque la Révolution éclata. M. de Périgord, ambassadeur de France à Naples, le fit appeler, lui donna dix louis et lui dit : « Retournez en France, vous y ferez fortune. » Il servit dans la Vendée et fut fait général à l'armée des Pyrénées-Orientales. A la paix avec l'Espagne, il conduisit sa division à l'armée d'Italie. Napoléon l'envoya pour le 18 fructidor à Paris ; il y parut couvert de diamants.

Le Directoire, dit Napoléon, lui donna le commandement en chef de l'armée du Rhin. Il était incapable de se conduire ; il avait peu d'étendue dans l'esprit, peu d'éducation, point d'instruction ; mais il maintenait l'ordre et la discipline parmi ses soldats ; il en était aimé.

Ses attaques étaient régulières et faites avec ordre ; il divisait bien ses colonnes, plaçait convenablement ses réserves, se battait avec intrépidité ; mais tout cela ne durait qu'un jour ; vainqueur ou vaincu, il était le plus souvent découragé le soir, soit que cela tînt à la nature de son caractère, ou au peu de calcul et de pénétration de son esprit.

Il s'attacha au parti de Babœuf. Ses opinions, si

tant est qu'il eût des opinions, étaient celles des anarchistes les plus exagérés : il fut nommé député au Corps législatif, en 1798 ; se mit dans les intrigues du manége et y fut souvent ridicule.

Serrurier, né dans le département de l'Aisne, était major d'infanterie au commencement de la Révolution ; il avait conservé toutes les formes et la rigidité d'un major ; il était fort sévère sur la discipline et passait pour aristocrate, ce qui lui a fait courir bien des dangers au milieu des camps, surtout dans les premières années. Comme général, il n'osait rien prendre sur lui, et il n'était pas heureux.

Il a gagné, dit Napoléon, la bataille de Mondovi et pris Mantoue ; il a eu l'honneur de voir défiler devant lui le maréchal Wurmser. Il était brave, intrépide de sa personne ; il avait moins d'élan que Masséna et Augereau ; mais il les surpassait par la moralité de son caractère, la sagesse de ses opinions politiques ou la sûreté de son commerce. Le caractère de ce général avait peu de sympathie avec celui de jeunes patriotes qu'il commandait.

XVII

A son retour à Milan, après les batailles de Bassano et de Saint-Georges, Napoléon commença ce qu'il appelait la guerre aux voleurs. Ces chevaliers d'industrie, dont Paris abonde toujours, alors protégés par Barras qui, parmi eux, avait recruté une cour, étaient accourus en Italie, sur le bruit des richesses de ce beau pays. Ils étaient facilement parvenus à s'introduire dans les administrations de l'armée. Les commissaires du gouvernement Garrau et Salicetti, disposaient des contributions frappées sur les pays conquis. Ils disposaient, en quelque sorte, de l'emploi des troupes. Ils avaient la haute main sur les fournisseurs et entrepreneurs, soit des vivres, soit des charrois ; d'eux seuls dépendait la solde de l'armée. Enfin, ces commissaires avaient usurpé presque en entier les fonctions ordinairement remplies à une armée par le commissaire ordonnateur en chef ou intendant général.

Tandis que la simplicité, la rudesse républicaine et une pauvreté noble, régnaient dans les armées de Sambre-et-Meuse et du Rhin, un certain luxe et l'amour des plaisirs s'étaient emparés des officiers et même des simples soldats de l'armée d'Italie. A cette époque, ces armées eussent été fort bien représentées, quant à leur apparence extérieure, les unes par le sublime Desaix qui, souvent, n'avait pas même d'uniforme et se laissait tout voler, même ses équipages. L'autre, par le général Augereau qui ne paraissait jamais que les mains et la poitrine couvertes de diamants.

Les soldats d'Italie bien vêtus, bien nourris, bien accueillis par les belles Italiennes, vivaient dans les plaisirs et l'abondance. Les officiers, les généraux participaient à l'opulence générale ; quelques-uns commençaient leur fortune.

Quant aux fournisseurs ou entrepreneurs, ils déployaient un faste qui frappait d'autant plus, que depuis plusieurs années personne n'avait l'idée d'une telle chose. Ce qui piquait le plus les officiers, c'est qu'avec le prix de leurs spéculations, ils se procuraient les bonnes grâces des cantatrices les plus brillantes.

Vers ce temps, Bonaparte, excité par les propos de l'armée qui tous lui étaient rapportés (jamais général ne fut mieux instruit de tout), se mit à examiner les marchés et les autres conventions conclus par la République avec des fournisseurs.

Vers le commencement de la campagne d'Italie, le Directoire manquait tout à fait de crédit, les caisses étaient vides et la misère du gouvernement était parvenue à un tel point, qu'il faudrait un long chapitre pour rendre croyables au lecteur les détails singuliers qu'on mettrait sous ses yeux. Par exemple, le jour de son installation, le Directoire avait été obligé d'emprunter au concierge du Luxembourg une table, une écritoire et un cahier de papier à lettre. La suite avait répondu à ce début.

En janvier 1796, la République avait été trop heureuse de trouver des spéculateurs hardis qui voulussent fournir, à quelque prix que ce fût.

L'extrême incertitude du paiement devait être admise comme balance des bénéfices énormes qu'ils pourraient faire s'ils étaient payés. Voilà ce que Napoléon, dans sa haine instinctive contre les fournisseurs[1], ne voulut jamais comprendre. Le crédit

---

[1]. Il faut avoir recours à l'activité de l'intérêt particulier, là où le gouvernement ne peut pas mener ses agents par l'honneur. Or, les entrepreneurs, fournisseurs, etc., moqués de tous à l'armée et non admis, en ce temps-là, au bénéfice du duel, ne pouvaient venir à l'armée pour acquérir de l'honneur. C'est une réflexion que, dans la retraite de Moscou, j'ai entendu faire par le prince major-général. La haine de Napoléon contre les fournisseurs provenait de leur lâcheté au feu ;

ayant reparu après les victoires de l'armée d'Italie, les prix qu'on payait aux fournisseurs semblaient excessifs: officiers et soldats étaient scandalisés de leurs bénéfices énormes. Personne ne songeait à l'incertitude des paiements, au moment de la signature des contrats. Bonaparte s'indigna de ces bénéfices, et ce sentiment alla chez lui jusqu'à l'excès. On peut dire que c'était l'un de ses préjugés, comme la haine pour Voltaire, la peur des Jacobins, et l'amour pour le faubourg Saint-Germain.

On voit par ses lettres au Directoire, qu'il ne voulut jamais comprendre qu'un fournisseur, en butte aux plaisanteries de tous et souvent aux vols du gouvernement [1], ne fournît pas pour la gloire. Il reproche aux fournisseurs d'abandonner l'armée les jours de péril. Il recommande au Directoire de choisir des hommes d'une énergie et d'une probité éprouvées, sans songer que de tels hommes ne vont pas se fourrer dans ce guêpier. Dans sa colère, le général en chef va jusqu'à proposer l'institution d'un syndicat qui, jugeant comme un jury, pût, sur sa simple conviction, punir des délits qui ne sont ja-

---

dans son amour passionné pour la France, il était profondément blessé de lui voir produire des enfants aussi lâches ; à l'heure de la retraite qui précéda Castiglione, l'un de ces hommes prit la fuite, fit cinquante lieues en poste et mourut de peur en arrivant à Gênes.

1. Les marchands de drap de Lodève, vers 1808.

mais prouvables matériellement. Dès cette époque, Napoléon montre de la haine pour tout ce qui s'occupe à l'armée de donner du pain aux soldats. Nous verrons plus tard ce sentiment peu réfléchi amener les plus grands malheurs [1]. La lettre qui suit peindra mieux que tout ce qu'on pourrait dire, la manière d'agir du général en chef, à l'égard des fournisseurs. Les choses allèrent au point que les bourgeois raisonnables qui, sous le nom de Directeurs, gouvernaient la République, purent croire, d'après les rapports de leurs protégés et parents, qu'ils avaient fait employer à l'armée d'Italie, que le général en chef voulait s'emparer des fournitures pour faire de l'argent. Ce crime était un de ceux pour lesquels Napoléon avait le plus d'horreur. On peut dire que, dans son esprit, il venait immédiatement après le crime de Pichegru : faire battre ses soldats exprès. Le général Bonaparte avait eu le bonheur de rencontrer un commissaire des guerres qui joignait au talent si rare de faire vivre une grande armée, une probité républicaine (M. Boinod). Il eût pu lui donner la place d'ordonnateur en chef et

---

1. C'est à cette haine aveugle que l'on peut attribuer, en grande partie, les désastres de la retraite de Moscou. Le maréchal Davoust, (grand homme, auquel on n'a pas encore rendu justice,) avait parfaitement organisé son corps d'armée ; il en fut blâmé. C'est une des grandes fautes de Napoléon.

réclamer auprès du Directoire sa confirmation dans ce grade; mais Napoléon était obligé, par des considérations du plus haut intérêt, de ménager les fripons et Barras qui les protégeait.

XVIII

INTERVALLE DE LA BATAILLE D'ARCOLE
A LA BATAILLE DE RIVOLI

(59 jours, du 15 novembre 1796 au 13 janvier 1797)

Voici la position des choses en décembre 1796. L'intérieur de la République était assez calme ; les partis avaient les yeux fixés sur les théâtres de la guerre, sur Kehl et sur l'Adige. La considération et la force du gouvernement augmentaient ou diminuaient selon les nouvelles que l'on recevait des armées. La dernière victoire, celle d'Arcole, avait frappé les imaginations françaises par le romanesque de son récit, l'incroyable fermeté d'âme du général Bonaparte et le danger extrême qu'il avait couru lorsqu'il tomba dans le marais, près du pont d'Arcole.

Toutefois, ces miracles de génie et de bravoure

n'avaient point rassuré sur la possession de l'Italie : on savait qu'Alvinzi se renforçait et que le Pape faisait des armements. Les malveillants disaient que l'armée d'Italie était épuisée ; que son général, accablé par les travaux d'une campagne sans exemple, et consumé par une maladie extraordinaire, ne pouvait plus se tenir à cheval. Mantoue n'était pas encore prise et on pouvait concevoir des inquiétudes pour le mois de janvier.

La liberté de la presse régnait alors en France, ce qui veut dire qu'on était libre, autant que l'inexpérience générale permettait de l'être. Les journaux des deux partis déclamaient avec emportement. La Révolution ne comptait encore que huit années d'existence, les hommes de trente ans avaient été formés par la monarchie incertaine de Louis XVI et l'encyclopédie, et ceux de cinquante par la monarchie corrompue de madame Dubarry et de Richelieu.

Les journaux de la contre-révolution voyant approcher le printemps, époque des élections, tâchaient de remuer l'opinion et de la disposer en leur faveur. Les royalistes, depuis leurs désastres dans la Vendée, avaient résolu de se servir de la liberté elle-même, pour la détruire ; ils voulaient s'emparer des élections.

Le Directoire voyait leur projet et en avait peur, mais ressentant une peur égale des patriotes qui avaient gouverné et animé la France pendant la Terreur, il faisait du *juste-milieu* [1]. Voyant le déchaînement des journaux, il était saisi d'inquiétude, il se rappelait les passions qui s'étaient montrées en France pendant le gouvernement révolutionnaire. Aucun des membres du Directoire n'avait assez de génie politique pour voir que ces passions qui les effrayaient dormaient maintenant et qu'il fallait, pour les réveiller, des faits palpables et non de vains raisonnements de journaux. Il paraît que, tant que les hommes nés sous le régime de la censure seront de ce monde, il sera dans la destinée des gouvernements de la France d'avoir une peur exagérée de la presse et de donner du piquant aux quolibets qu'on leur lance avec adresse, en ayant l'air piqué.

1. Expression qui sera peut-être obscure vers 1850; genre de gouvernement qui entreprend de mener une nation par la partie médiocre et sans passions des citoyens; ou plutôt à l'aide des passions basses et de l'envie de gagner de l'argent, de cette partie médiocre. Le juste-milieu du Directoire se séparait avec un soin égal des gens à talents et des âmes généreuses du parti royaliste et du parti républicain. Le Directoire n'avait pour lui que les gens aux yeux desquels de bons appointements sont la première des raisons politiques, les timides dont la peur est la seule passion, et les fabricants et négociants, qui ne demandent pas à un gouvernement d'être juste, éclairé, honnête, mais d'assurer, fût-ce par le despotisme avec accompagnement de Spielberg ou de Sibérie, une tranquillité de dix années, pendant lesquelles on puisse faire fortune.

Le Directoire effrayé, demanda aux deux conseils des lois sur les abus de la presse. On se récria, on prétendit que, les élections approchant, le Directoire voulait en gêner la liberté ; on lui refusa les lois qu'il sollicitait ; on accorda seulement deux dispositions ; l'une relative à la répression de la calomnie privée, l'autre aux crieurs de journaux qui, dans les rues, au lieu de les annoncer par leur titre, les annonçaient par des phrases détachées, dont la brutale énergie rappelait quelquefois celle du *Père Duchesne*, et faisait peur au Directoire.

Par exemple, on vendait un pamphlet, en criant dans les rues : « Rendez-nous nos myriagrammes et f..... nous le camp, si vous ne pouvez faire le bonheur du peuple. » (Il faut se rappeler que les appointements des Directeurs étaient indiqués philosophiquement par la valeur d'un certain nombre de mesures de blé, ou myriagrammes.)

Le Directoire aurait voulu l'établissement d'un journal officiel. Les Cinq-Cents y consentirent; les Anciens s'y opposèrent.

La célèbre loi du 3 brumaire, mise une seconde fois en discussion en vendémiaire, avait été maintenue après une discussion orageuse. Le côté droit voulait faire révoquer la disposition qui excluait les parents des émigrés des fonctions publiques, et c'était celle que les républicains voulaient conserver. Après une troisième attaque, les républicains eurent l'avantage, et il fut décidé que cet article serait maintenu. On ne fit qu'un seul changement à cette loi. Elle excluait de l'amnistie générale, accordée aux délits révolutionnaires, les délits qui se rattachaient au 13 vendémiaire. Cet événement, dont les analogues devaient se renouveler si souvent, était trop loin maintenant, pour ne pas amnistier les individus qui avaient pu y prendre part et qui, d'ailleurs, étaient tous impunis de fait. L'amnistie fut appliquée aux délits de vendémiaire, comme à tous les autres faits purement révolutionnaires.

On voit que le Directoire et ceux qui voulaient la République, avec la constitution de l'an III, parvenaient à conserver la majorité dans les conseils, malgré les cris de quelques patriotes follement emportés et de nombre de gens vendus à la contre-révolution.

L'oligarchie de Vienne avait été consternée par la nouvelle de la bataille d'Arcole, venant immédiatement après de si belles espérances. Mais la peur donna à ces bons Allemands une activité qui ne leur est pas naturelle. L'immense majorité croyait que les Français traînaient partout la guillotine avec eux, et l'arrivée des républicains à Vienne semblait le pire des maux, même à la petite bourgeoisie si opprimée, en ce pays-là, par la noblesse. Le peuple tout entier se résolut à tenter une nouvelle lutte et

14.

fit des choses inouïes, pour renforcer l'armée d'Alvinzi[1].

La garnison de Vienne partit en poste pour le Tyrol, et l'Empereur ordonna une nouvelle levée parmi les braves Hongrois (esclaves mécontents de la maison d'Autriche).

Les Viennois qui chérissaient tendrement leur empereur François, fournirent quatre mille volontaires et l'on vit plus tard dix-huit cents de ces bourgeois inexpérimentés, se *faire tuer à leur poste*, chose dont on a souvent parlé ailleurs, mais que ces bons Allemands exécutèrent. Ils l'avaient promis à l'Impératrice, lorsqu'elle leur remit des drapeaux brodés de ses propres mains.

Le conseil aulique ou M. de Thugut avait tiré de l'armée du Rhin quelques milliers d'hommes, choisis parmi les meilleures troupes de l'Autriche. Par cette activité, vraiment remarquable au sein d'une vieille oligarchie (deux cents familles régnaient

---

[1]. La conduite militaire du gouvernement autrichien fut sublime, de mai 1796 à Léoben 18 avril 1797. Sans avoir les passions qui enflammaient les Français de 1793 et 1794, l'activité de ce gouvernement fut pareille à celle du gouvernement républicain. Mais qui avait le mérite de cette activité ; est-ce le vieux baron de Thugut ou le conseil aulique ? On l'ignore : juste punition des gouvernements ennemis de la pensée et de la publicité. Le peu qu'ils laissent imprimer passe pour mensonge et même leurs belles actions restent ignorées : *Carent quia vate sacro.*

alors à Vienne), l'armée d'Alvinzi avait été renforcée d'une vingtaine de mille hommes, et portée à plus de soixante mille combattants. Cette armée reposée et réorganisée ne comptait qu'un petit nombre de nouveaux soldats.

Elle inspirait des appréhensions sérieuses au général Bonaparte ; mais il avait un autre sujet d'inquiétudes. A Paris, les nobles, les prêtres, les émigrés et tout ce qui souhaitait l'humiliation de nos armes, annonçaient qu'il se mourait d'une maladie inconnue. Il n'était que trop vrai, il ne pouvait plus monter à cheval sans un effort de courage, suivi d'un complet abattement. Ses amis le crurent empoisonné ; lui-même eut cette idée ; mais comme il n'y avait aucun remède, il continua à faire son devoir, sans trop penser à sa santé. Cette grande âme se rappela le *Decet imperatorem stantem mori* (un général en chef doit mourir debout).

Après avoir été au plus mal, vers le temps d'Arcole, il fut mieux pendant la courte campagne de Leoben, et le repos de Montebello lui rendit des forces. Plus tard, il fut encore très-mal, et ce ne fut que bien des années après que M. Corvizart (un des premiers médecins du siècle et l'homme le moins courtisan, et le plus ennemi des hypocrites qui fû jamais), parvint à deviner la maladie de Napoléon et ensuite à la guérir.

Devant Toulon, Napoléon voyant une batterie

dont le feu venait de cesser y courut ; il n'y trouva personne de vivant. Tous les canonniers venaient d'être tués par les boulets anglais. Napoléon se mit à charger tout seul une pièce de canon. Il prit l'écouvillon ; il se trouva que le canonnier servant qui avait tenu cet instrument, avant lui, avait la gale, et bientôt Napoléon en était couvert. Naturellement propre jusqu'au scrupule, il fut bientôt guéri. Ce fut un mal ; il eût fallu laisser son cours à la maladie. Le virus, non suffisamment expulsé, se jeta sur l'estomac. En bivouaquant auprès d'un marais, vers Mantoue, il prit la fièvre et bientôt il se trouva dans cet état d'épuisement complet qui faisait le désespoir de son armée et la joie des royalistes.

Ce fut dans cet état d'épuisement, qu'à l'époque d'une de ses dernières batailles, trois des chevaux montés par lui moururent de fatigue. Ses joues caves et livides ajoutaient encore à l'effet mesquin de sa très-petite taille. Les émigrés disaient, en parlant de lui, « il est jaune à faire plaisir » et on buvait à sa mort prochaine.

Ses yeux seuls et leur regard fixe et perçant annonçaient le grand homme. Ce regard lui avait conquis son armée ; elle lui avait pardonné son aspect chétif, elle ne l'en aimait que mieux. Il faut se rappeler que cette armée était toute composée de jeunes méridionaux faciles à passionner. Ils comparaient souvent leur *petit caporal* avec le superbe Murat et la préférence était pour l'homme si maigre, déjà en possession d'une si grande gloire! Après Arcole, les forces physiques du jeune général semblèrent s'éteindre ; mais la force de son âme lui prêtait une énergie qui, tous les jours, étonnait davantage, et nous allons voir ce qu'il fit à Rivoli.

XIX

Après les rudes pertes que l'armée avait éprouvées à Calliano sur la Brenta et à Arcole, Napoléon avait fait les plus vives instances auprès du Directoire, afin d'obtenir les forces indispensables pour qu'il pût garder ses positions. Le Directoire lui envoya six mille hommes et en employa vingt-cinq mille à tenter une descente en Irlande. Il eût été plus simple d'envoyer ces vingt-cinq mille hommes en Italie, de battre l'Autriche, de faire la paix avec elle, et ensuite de tenter une descente en Irlande; mais le Directoire ne savait guère gouverner et, d'ailleurs, il était jaloux de Napoléon.

La victoire d'Arcole avait retenti en France; on commençait à comprendre à quoi avait tenu le sort de l'Italie. Forcé par le cri public, le Directoire annonça au général en chef, qu'il allait lui envoyer les belles divisions Bernadotte et Delmas, tirées des armées du Rhin. En attendant l'arrivée de ces troupes qui, malgré l'hiver, devaient traverser les Alpes, Napoléon employa le mois de décembre à se mettre en garde contre Venise. Cette vieille aristocratie, si formidable au moyen âge, avait toujours beaucoup d'esprit ; mais elle avait perdu toute énergie. De plus en plus indisposée par les charges de la guerre qui se faisait dans ses États, cette République augmentait ses armements.

Si elle eût voulu suivre les conseils du général français, probablement elle existerait encore aujourd'hui, mais il était difficile que des vieillards faibles, étiolés par la vanité, les richesses et un siècle d'inaction, vissent ce qu'il y avait de bon dans les conseils d'un jeune général dont les mouvements rapides étaient faits pour les choquer. Leur manque de tact alla jusqu'à voir en lui un républicain fougueux et un homme dont tous les projets étaient, ne pouvant espérer de faire des alliés, de chercher à leur susciter des embarras. Des sociétés patriotiques établies à Brescia, à Bergame, à Crema, semèrent les germes de la démocratie dans les États de Venise. De son côté, Venise armait à force et répandait de l'argent parmi les paysans fanatiques des montagnes du Bergamasque ; Ottolini, podestat de Bergame en soudoyait trente mille.

Bonaparte avait résolu de ne rien voir et différa

toute explication, jusqu'après la reddition de Mantoue. Toutefois, il fit occuper la citadelle de Bergame, qui avait garnison vénitienne, et donna pour raison qu'il ne la croyait pas assez bien gardée pour résister à un coup de main de la part des Autrichiens. Dans la Lombardie et la Cispadane, il continua à favoriser l'esprit de liberté, réprimant le parti autrichien ainsi que les prêtres, et modérant le parti démocratique. Il maintint les apparences de l'amitié avec le roi de Sardaigne et le duc de Parme. Il alla à Bologne, pour terminer une négociation avec le duc de Toscane et imposer à la cour de Rome. A une certaine époque le grand duc de Toscane avait intenté quatre cents procès aux Jacobins de ses États où, ce me semble, il n'y en eut jamais. Mais bientôt ce prince philosophe prit le sage parti de tolérer la révolution française et ses effets.

Comme nous l'avons vu, les troupes de la République occupaient Livourne. De vives discussions s'étaient élevées entre l'administration financière de l'armée et le commerce de cette ville. Il s'agissait des marchandises envoyées à Livourne *en commission* (déposées pour être vendues), par des négociants anglais et sur lesquelles, comme il est d'usage, les négociants toscans avaient fait des avances. Ces marchandises qu'on arrachait avec peine aux négociants de Livourne, étaient ensuite fort mal vendues et par une compagnie qui, suivant le général en chef, venait de voler cinq à six millions à l'armée.

Napoléon fit un abonnement avec le grand duc ; il fut convenu que, moyennant deux millions, payés comptant, les Français évacueraient Livourne. Il trouvait dans cet arrangement l'avantage de rendre disponible la petite garnison qu'il avait placée dans cette ville.

Parmi les idées qui se présentaient en foule à cette tête ardente et à la fois raisonnable, nous noterons la suivante : Il s'agissait de former une barrière entre le Pape et le siége de Mantoue. Les Anglais ne pouvaient-ils pas débarquer quatre mille hommes à Ancône ou à Civita-Vecchia ? Bonaparte voulait prendre les deux légions formées à Bologne et à Ferrare (la République cispadane), les réunir à la garnison de Livourne, y ajouter trois mille hommes et lancer ce petit corps sur la Romagne et la marche d'Ancône. On s'emparait de deux provinces de l'État romain, on y arrêtait les impôts, on se payait ainsi de la contribution qui n'avait pas été acquittée et surtout on rendait impossible le projet de jonction de Wurmser avec l'armée papale.

A la paix, on pouvait rendre la Lombardie à l'Autriche, et former une République puissante, en ajoutant au Modénois, au Bolonais et au Ferrarais, la Romagne, la marche d'Ancône et le duché de Parme.

Dans ce cas, on aurait donné Rome au duc de Parme, ce qui aurait fait grand plaisir au roi d'Espagne ; le Pape n'étant soutenu ni par l'Autriche ni par l'Espagne, pouvait être placé dans une île, la Sardaigne, par exemple.

Bonaparte avait commencé à exécuter son projet ; il s'était porté à Bologne avec trois mille hommes et menaçait le Saint-Siége ; mais Rome n'eut point peur. Le nonce Albani lui écrivait de Vienne les miracles que l'administration faisait sous ses yeux pour former une cinquième armée. Rome rassembla des troupes, espéra communiquer par le bas Pô avec Wurmser, et témoigna le désir de voir le général français s'avancer encore davantage dans ses provinces.

Le cardinal secrétaire d'État expliquait ses plans de campagne :

— S'il le faut, disait-il, le Saint-Père quittera Rome et ira passer quelques jours à Terracine, sur l'extrême frontière du royaume de Naples : plus Bonaparte s'avancera et s'éloignera de l'Adige, plus il s'exposera aux dangers d'une retraite désastreuse, et plus les chances deviendront favorables à la cause sainte.

Rien n'était plus sage que ce raisonnement. Mais Napoléon n'avait garde de trop s'éloigner de Mantoue. Il avait l'œil sur l'Adige et s'attendait à chaque instant à une nouvelle attaque.

Le 8 janvier 1797, il apprit que ses avant-postes avaient été attaqués sur toute la ligne ; il repassa le Pô, en grande hâte, avec ses deux mille hommes et courut de sa personne à Vérone. Alvinzi s'avançait pour débloquer Mantoue avec quarante et quelques mille hommes ; Mantoue en renfermait vingt mille, dont douze mille, au moins, sous les armes.

C'était la quatrième fois que l'armée d'Italie devait combattre pour la possession de Mantoue. Les divisions Bernadotte et Delmas, qu'on attendait de l'armée du Rhin, n'étaient pas arrivées et pourtant Alvinzi avait repris l'offensive.

L'armée occupait ses positions ordinaires : la division Serrurier devant Mantoue ; Augereau sur l'Adige, depuis Vérone jusqu'au delà de Legnago ; Masséna à Vérone ; Joubert avec une quatrième division à la Corona et à Rivoli, dont le nom devra son immortalité à la dernière des grandes batailles gagnées par Bonaparte en Italie.

Chacune de ces quatre divisions était forte d'à peu près dix mille hommes. Le général Rey se trouvait à Desenzano avec une réserve de quatre mille hommes.

L'ennemi avançait à la fois par Roveredo, par Vicence et par Padoue, c'est-à-dire qu'il attaquait en même temps le centre et les deux ailes de l'armée française. Napoléon se détermina à garder ses positions jusqu'à ce qu'il eût deviné laquelle de ces trois attaques était la véritable.

Le 12 janvier 1797, la colonne qui s'avançait par Vicence, s'approcha de Vérone et fit plier les avant-postes de Masséna; le reste de la division vint à leur secours, déboucha sur Saint-Michel, et l'ennemi fut repoussé avec perte ; le général en chef acquit la certitude qu'il n'était pas en force sur ce point.

Le lendemain, dans l'après-midi, il apprit que le général Joubert, attaqué de front par des forces supérieures et menacé sur ses deux flancs par de fortes colonnes, avait été obligé, dans la matinée, d'évacuer la position de la Corona (située entre l'Adige et le Monte-Baldo, au delà duquel se trouve le lac de Garde). Joubert s'était replié sur Rivoli, d'où il comptait continuer sa retraite sur Castel-Novo. Il n'y eut plus de doute ; il était clair que la colonne de Vicence et celle qui se dirigeait sur le bas Adige, étaient destinées à opérer des diversions, pour faciliter la marche du corps principal, qui descendait par la vallée de l'Adige. C'était donc à ce corps qu'il fallait opposer le gros de l'armée.

Napoléon partit de Vérone, emmenant avec lui la plus grande partie de la division Masséna; deux mille hommes restèrent à Vérone pour contenir la colonne de Vicence; Rey reçut l'ordre de se diriger de Salo sur Rivoli, point de réunion générale. Napoléon avait deviné que, suivant la méthode autrichienne, le maréchal Alvinzi aurait divisé en plusieurs colonnes le corps qui débouchait par la vallée de l'Adige. Il pensait qu'en occupant le plateau de Rivoli, où venaient se réunir les différents sentiers qui sillonnent cette contrée montagneuse, il aurait la faculté d'agir en masse contre des colonnes séparées entre elles par des obstacles insurmontables.

Ce calcul était fondé, mais il réussit à peine. L'armée française était trop peu nombreuse pour faire face partout à des marches d'une rapidité incroyable. Napoléon se trouva sans cesse au milieu des balles, et à aucune de ses batailles il ne fut exposé pendant aussi longtemps au feu de la mousqueterie. Cette armée si peu nombreuse eût sans doute été anéantie si elle eût perdu son général en chef. Jamais Augereau n'eût voulu obéir à Masséna; Lannes était encore dans les grades inférieurs et, d'ailleurs, la malheureuse loi de l'ancienneté eût peut-être donné le commandement en chef à Serrurier.

Napoléon ordonna à Joubert de se maintenir, à tout prix, en avant de Rivoli, jusqu'à son arrivée.

Alvinzi, au moment où il quittait Bassano et se mettait en marche pour remonter la Brenta et se jeter dans la vallée de l'Adige, avait envoyé Provera avec huit mille hommes sur Legnago, et Bayalitsch, avec cinq mille sur Vérone. Lui-même, à la tête d'environ trente mille hommes, déboucha par Roveredo sur la Corona. Puis il eut l'idée vraiment allemande de subdiviser encore cette petite armée en six colonnes, tandis qu'il eût dû agir en masse avec trente-huit mille hommes ; cinq mille suffisaient de reste pour inquiéter l'Adige.

Pendant que trois de ces six colonnes d'Alvinzi, formant un total de douze mille hommes, pressaient Joubert de front, le général Lusignan, avec quatre mille hommes, alla passer sur l'extrême bord du lac de Garde, au couchant du Monte-Baldo : Lusignan prétendait, avec ses quatre mille hommes, tourner la gauche des Français.

Quasdanowich, avec une cinquième colonne de huit mille hommes, destinée à assaillir la droite, prit le chemin qui longe la rive droite de l'Adige. Il faut remarquer que l'artillerie et la cavalerie qui ne pouvaient suivre les autres colonnes, dans les mauvais chemins de montagne par lesquels elles devaient passer, marchaient avec cette dernière colonne, par la belle route qui côtoie l'Adige. Enfin, pour éviter tout embarras, Wukasowich, avec une sixième colonne de quatre mille hommes, descendait par la rive gauche de l'Adige.

Si le lecteur veut se rendre compte de la singularité de ce plan, il peut vérifier sur une bonne carte géographique que, par une suite d'obstacles naturels et invincibles, aucune de ces colonnes ne pouvait communiquer avec sa voisine.

En commençant par la droite de l'armée ennemie, la crête du Monte-Baldo empêchait toute communication entre la colonne de Lusignan, qui longeait le lac, et les trois colonnes du centre ; celles-ci se trouvaient séparées de celle de Quasdanowich, où étaient l'artillerie et la cavalerie, par les sommités impraticables de San-Marco, et, enfin, l'Adige se trouvait entre Quasdanowich et Wukasowich.

Ainsi, toutes les colonnes agissantes de l'ennemi, arrivaient par les montagnes et sans canons, tandis que réunie sur le plateau de Rivoli, l'armée française pouvait les recevoir successivement, même avec du canon de douze. Le génie de Bonaparte fut d'oser deviner un plan aussi singulier. Pour qu'il réussit, il fallait que toutes les colonnes autrichiennes pussent arriver au même instant et donner avec un ensemble parfait.

Au moment où Joubert reçut les ordres de son général en chef, vers une heure du matin, il était en pleine retraite. Il retourna sur-le-champ à la position de Rivoli, que fort heureusement l'ennemi n'avait point encore eu le temps d'occuper. Napoléon l'y rejoignit sur les deux heures après minuit ; il faisait un magnifique clair de lune ; les feux des bivouacs autrichiens étaient renvoyés par les cimes couvertes de neige du Monte-Baldo et Napoléon put s'assurer de l'existence de cinq camps ennemis séparés.

Le 14 janvier au matin, le gros de la division Joubert marcha vers San-Marco, par Caprino et San-Giovanni ; elle attaqua le centre des Autrichiens ; pendant ce temps une demi-brigade placée dans des retranchements, en arrière d'Osteria, couvrait sa droite. Elle était destinée à arrêter Quasdanowich qui, probablement, tenterait de monter sur le plateau de Rivoli, des bords de l'Adige, où il était placé. Masséna, qui arrivait à marches forcées, reçut l'ordre de détacher une demi-brigade sur la gauche, pour contenir Lusignan qui, probablement, par un mouvement semblable, chercherait à monter des bords du lac sur le plateau.

Joubert se battait vivement ; mais les Autrichiens le recevaient avec une extrême bravoure ; c'est une des batailles qui leur fait le plus d'honneur. La gauche des Français, débordée, plia. A la vue de ce mouvement, la droite commandée par le général Vial, rétrograda aussi; par bonheur, le 14e de ligne se soutint admirablement au centre, et donna le temps de rétablir les affaires. Napoléon courut à la gauche de Joubert, conduisant la colonne de Masséna qui venait d'arriver ; l'ennemi fut repoussé, et la gauche se rétablit sur les hauteurs de Trombalora.

Pendant ce temps, les affaires allaient fort mal ailleurs ; la droite était vivement poursuivie par les Autrichiens, qui descendaient des hauteurs de San-

Marco. Quasdanowich avait forcé les retranchements d'Osteria et sa colonne, arrivant du fond de la vallée de l'Adige, commençait à gravir la montée qui conduit au plateau de Rivoli. D'un autre côté, on voyait Lusignan qui, par Affi, se dirigeait sur les derrières de l'armée.

Ainsi, l'armée française était entourée. Napoléon ne fut point étonné ; il s'appliqua à culbuter Quasdanowich. Ce général était obligé de passer par un ravin très-profond et enfilé par nos batteries. A peine la tête de sa colonne parut-elle sur le plateau, qu'elle fut assaillie sur ses deux flancs par de l'infanterie et en front par de la cavalerie, que l'intrépide Lassalle (tué depuis à Wagram) mena à la charge. L'ennemi fut culbuté et rejeté dans le ravin. Le désordre y était déjà grand, lorsqu'un obus français vint faire sauter un caisson, dans le chemin creux qui longe l'Adige et où les Autrichiens étaient entassés : la confusion et la terreur y furent au comble ; infanterie, cavalerie, artillerie rétrogradèrent pêle-mêle par Incanale.

Napoléon, débarrassé de Quasdanowich, put songer à secourir Vial (de l'aile droite de Joubert), qui était en pleine retraite. Les Autrichiens s'étaient débandés en le poursuivant ; deux cents chevaux que Napoléon lança contre eux, les mirent dans une déroute complète qui, chose incroyable, se communiqua à tout leur centre. Alvinzi ne put rallier ces fuyards que derrière le Tasso.

Restait Lusignan. Ce général ne trouvant pas de résistance sérieuse, vint s'établir sur le mont Pipolo, pour couper entièrement la retraite à l'armée française. Mais pour cela il eût fallu, d'abord, qu'elle fût battue.

Napoléon lui opposa une partie de la division Masséna qui entretint le combat jusqu'à l'arrivée de Rey. La tête de la colonne de ce dernier, ayant enfin débouché d'Orza, sur les derrières de Lusignan, celui-ci se vit entouré à son tour. Son corps de quatre mille hommes fut détruit ; il regagna le Monte-Baldo, avec quelques centaines d'hommes seulement.

La bataille était gagnée : ce qui suit est peut-être encore plus admirable.

Le soir même de la bataille de Rivoli, au moment où les généraux faisaient compter les prisonniers autrichiens et où chaque demi-brigade s'assurait, par l'appel nominal, des pertes énormes qu'elle avait faites, Napoléon apprit que Provera, forçant le centre de la division Augereau, laquelle était répartie en petits détachements répandus tout le long de l'Adige, avait réussi à passer ce fleuve, le 13 janvier au soir ; Provera se dirigeait sur Mantoue, il allait débloquer la place. Napoléon calcula que Joubert réuni à Rey, serait assez fort pour pousser les débris d'Alvinzi, et avec la division Masséna il repartit sur le-champ pour Roverbella, où il arriva le 13 au soir. Le 14, Augereau ayant eu le temps de réunir sa division, était tombé sur l'arrière-garde de Provera et l'avait fortement entamée.

Le 15, Provera arriva devant Mantoue ; il comptait y entrer par le faubourg de Saint-Georges ; mais il trouva ce faubourg occupé par les Français et retranché ; il ne put communiquer avec la place.

BATAILLE DE LA FAVORITE

Le 16 janvier 1797, à cinq heures du matin, Provera attaqua le poste de la Favorite et Wurmser celui de Saint-Antoine; Serrurier réussit à s'y maintenir à l'aide des renforts amenés par le général en chef. Wurmser rentra dans la place.

Provera, attaqué de front par Serrurier, sur sa gauche par la garnison de Saint-Georges, sur sa droite par Napoléon lui-même, à la tête du reste de la division Masséna, se trouvait fort mal mené, lorsque la division Augereau parut sur ses derrières. Il mit bas les armes avec les cinq mille hommes qui lui restaient.

C'était pour la seconde fois, depuis dix mois, que le général Provera avait recours à cette façon de sortir d'embarras. Quand Napoléon avait complètement deviné un général ennemi et le savait bien médiocre, il ne manquait pas de le louer dans toutes les occasions, comme un adversaire dangereux et qu'il était glorieux de combattre. Au moyen de cette ruse bien simple, on ne manquait pas de lui opposer ce général [1].

Pendant que Napoléon gagnait la bataille de la Favorite, Joubert agissait avec une activité digne de son illustre chef.

La destruction du corps de Lusignan et la retraite de Quasdanowich sur Rivalta laissaient sans espoir de secours Alvinzi et son armée du centre. Le 15 janvier, Joubert fit marcher deux colonnes avec une extrême rapidité et réussit à tourner Alvinzi par les deux flancs ; les troupes autrichiennes prévenues sur leur ligne de retraite et adossées aux précipices de la Corona, furent presque entièrement détruites avant d'avoir atteint Ferrara. Près de cinq mille hommes mirent bas les armes.

---

1. Rapport du 29 nivose an V (18 janvier 1797).

Le général en chef au Directoire.

« . . . . . . La confusion et le désordre étaient dans
» les rangs ennemis ; cavalerie, artillerie, infanterie, tout
» était pêle-mêle ; la *terrible* 57ᵉ n'était arrêtée par rien.
» Dans ce moment le respectable général Provera demanda à
» capituler, etc., etc.

Le maréchal Alvinzi ayant perdu plus de la moitié de son armée, ramena ce qui lui restait derrière la Piave, ne laissant, pour la défense du Tyrol, qu'à peu près huit mille hommes. Les arrière-gardes autrichiennes furent partout culbutées, et, enfin, au commencement de février, l'armée française se retrouva dans les positions qu'elle avait occupées avant Arcole : Joubert sur le Lavis ; Masséna à Bassano ; Augereau à Citadella. Venise, avec toutes ses forces, restait derrière la droite de l'armée française.

Telle fut la célèbre bataille de Rivoli, dans laquelle trente mille Français, agissant contre une armée très-brave, firent vingt mille prisonniers. Jamais l'armée française n'a mieux fait ; les demi-brigades républicaines surpassèrent la rapidité si vantée des légions de César.

Les mêmes soldats que Napoléon fit sortir de Vérone et qui se battirent à Saint-Michel le 13 janvier, marchèrent toute la nuit suivante sur Rivoli, combattirent dans les montagnes le 14 jusqu'à la nuit, revinrent sur Mantoue le 15, et le 16 firent capituler Provera.

Napoléon, fort malade alors, vint se reposer de tant de fatigues à Vérone.

XX

Bonaparte avait rencontré, dans sa campagne sur le Mincio, un jeune Français, peintre de paysage, qui parcourait les environs du lac de Garde pour faire des études. Le général, environné de jeunes gens qui jouaient l'enthousiasme ou exagéraient celui qu'ils éprouvaient réellement, fut frappé du rare bon sens et de la mansuétude du peintre, que rien ne semblait émouvoir et qui n'était ébloui par rien. Ce peintre avait, d'ailleurs, une taille fort avantageuse et une figure prévenante. Il était une chose que Napoléon exécrait alors par-dessus tout, c'étaient les rapports entachés de *gasconisme* et qui peignent tout en beau. Il engagea souvent à dîner le jeune peintre, et voulut lui faire prendre parti avec lui. Berthier et même Napoléon, qui aimait à soutenir des discussions avec lui, lui fit entendre que bientôt il aurait un grade militaire et n'aurait pas à se plaindre de la fortune. Ce jeune homme qui avait montré de la bravoure dans la surprise de Gavardo, répondait au général, avec sa simplicité ordinaire, qu'il ne blâmait point les militaires, que leur profession était, sans doute, noble et utile ; mais, qu'au total, ce métier lui semblait grossier et montrer l'homme sous un vilain jour, et qu'il ne voudrait pour rien y engager sa vie.

Après avoir passé un mois au quartier général, toujours extrêmement distingué par Napoléon, il prit congé de lui et continua sa tournée en Italie.

Vers le temps d'Arcole, Napoléon écrivit au ministre de la République française à Florence, pour le prier de remettre vingt louis à M. Biogi, qu'il savait y être retourné, et de le prier de sa part de venir le voir à son quartier général.

Le jeune peintre répondit, avec sa tranquillité naturelle, qu'il avait des affaires à Florence, et que ce voyage qui serait sans utilité pour son talent, le contrarierait fort. Le ministre lui montra la lettre de Napoléon, fit valoir l'extrême obligeance avec laquelle le général en chef parlait de lui, lui fit honte de refuser une telle invitation, etc., etc. Il fit tant, que M. Biogi prit un vetturino, quitta Florence et s'achemina lentement vers le quartier général à Vérone, dessinant tous les beaux paysages qu'il rencontrait sur sa route. Il arriva à Vérone un peu après la bataille de Rivoli et fut reçu à merveille.

— Si vous voulez être officier, lui dit Napoléon, il y a maintenant bien des places vacantes ; je vous prendrai auprès de moi.

— Ne voyez-vous pas, ajouta le général Berthier, qui se trouvait présent à l'entretien, que le général en chef se charge de votre fortune.

— Je veux être peintre, répondit le jeune homme, et ce que je viens de voir des horreurs de la guerre, les ravages qu'elle entraîne naturellement et sans qu'on puisse en faire aucun reproche à personne, ne m'ont point fait changer d'avis sur ce métier grossier et qui montre l'homme sous un vilain aspect : celui de l'intérêt personnel, exalté jusqu'à la fureur, et au moyen duquel le lieutenant voit tomber, sans regrets, le capitaine, son ami intime, etc., etc.

Bonaparte combattit philosophiquement cette manière de voir et retint l'artiste jusqu'à deux heures du matin. « Jamais je n'ai vu d'homme parler aussi bien, dit le peintre. » On l'invita à dîner le lendemain et les jours suivants.

Le jeune homme, malgré le calme de son caractère, se prit d'amitié pour Napoléon et enfin un soir osa lui demander pourquoi il n'essayait pas de combattre, par un régime suivi, le poison dont il était tant à craindre, pour l'intérêt de la République, qu'il ne fût victime.

Berthier faisait force signes au jeune peintre, pour

lui faire entendre que le général en chef n'aimait pas ce genre de conversation. Mais au grand étonnement du chef d'état-major (qui, dans le tête-à-tête, était traité par son général comme un petit commis et n'osait dire son avis que quand on le lui demandait bien expressément, ce qui était fort rare), Napoléon se mit à traiter le sujet philosophiquement et à fond.

— Il y a des poisons, sans doute; mais y a-t-il une médecine? La médecine fût-elle une science réelle, ne me prescrirait-elle pas le repos? Or, y a-t-il un repos pour moi? Supposez que j'oublie assez mes devoirs pour remettre le commandement en chef à un des généraux de l'armée d'Italie; retiré à Milan ou à Nice, est-ce que mon sang ne s'enflammera pas en apprenant des batailles dont je jugerais mal, étant éloigné, et dans lesquelles il me semblera qu'on n'a pas fait tout ce qu'on pouvait faire, avec des troupes aussi braves? Sur mon lit de douleur, à Milan ou à Nice, je serai cent fois plus agité qu'ici où, du moins, quand mes troupes sont bien placées et les rapports des agents satisfaisants, je puis dormir en paix. D'ailleurs, qu'est-ce qu'un homme quand il est privé de sa propre estime? Et, tandis que tant de braves grenadiers se font tuer avec gaîté, que sera-ce qu'un général en chef qui, parce qu'il a mal à l'estomac ou à la poitrine, va se coucher dans quelque place sur les derrières? Et quelle destinée humiliante si les *barbets* [1] venaient m'y assassiner ! Non, il n'y a pas de médecine et quand cette science serait aussi certaine que la meilleure tactique, il faut que l'homme remplisse son devoir ; grenadier ou général en chef, il doit rester où le destin l'a mis, etc., etc.

Napoléon ne renvoya le jeune homme qu'à deux heures du matin. Dans une des soirées suivantes, il lui dit :

— Puisque vous vous obstinez à être peintre, vous devriez bien me faire le tableau de Rivoli.

— Je ne suis pas peintre de bataille, répondit M. Biogi, mais simple paysagiste. J'ai entrevu les effets de la fumée et l'aspect des lignes de soldats quelquefois, en vous suivant ; mais je n'ai point assez étudié ces choses-là pour oser les représenter. Je ne puis peindre, avec quelque chance de succès, que ce que je connais bien.

Napoléon essaya de combattre ces raisons, mais le jeune homme restait ferme dans son dire.

— Eh bien, dit le général, peignez-moi le plateau de Rivoli et les montagnes environnantes, avec

---

1. On donnait ce nom à des bandes composées de déserteurs, de bandits, de prisonniers autrichiens qui s'étaient échappés, de soldats piémontais licenciés. Ils infestaient l'Apennin, arrêtaient les courriers, pillaient nos convois, massacraient les soldats français isolés. R. C.

l'Adige coulant là-bas, sur la droite, au fond de la vallée, tels que je les vis lorsque je fis mon plan d'attaque.

— Mais, répondit M. Biogi qui, à l'armée, n'aimait que le général en chef et ne se souciait point de rester plus longtemps avec les guerriers, un paysage sans feuilles est une chose bien triste et qui ne me ferait aucun plaisir à peindre, ni à vous, général, quand vous le verriez. Un paysage sans feuilles a besoin d'être animé par les détails et les passions d'une grande bataille, tels que je ne sais pas le faire ; je regrette vivement de ne pouvoir peindre un tableau pour vous.

— Eh bien, vous le ferez comme vous l'entendrez, et Berthier va vous donner une escorte.

Le général Berthier dessina les divers mouvements de la bataille : le Monte-Baldo à gauche, la hauteur San-Marco en face, l'Adige vers la droite.

Et ce fut sur cette sorte de plan improvisé que Napoléon, fort en train de causer et de discuter, et Berthier, tâchèrent de faire comprendre au peintre les mouvements successifs que nous venons de raconter. Le peintre était électrisé par un si beau récit fait, disait-il, avec la dernière simplicité et sans la moindre emphase. Napoléon n'avait eu un peu d'emphase qu'en parlant de son devoir et de sa complète abnégation au sujet du poison. Sans doute Napoléon espérait avoir un tableau de bataille. Autrement, dit M. Biogi, à quoi bon expliquer avec tant de netteté les mouvements des troupes et surtout les différences de leur uniforme. Les canonniers, avec leurs pièces de douze, plongeant à droite dans la vallée de l'Adige et labourant les troupes de Quasdanowich en uniforme blanc, qui veulent monter sur le plateau ; les dragons, en habits verts, commandés par Lassalle, etc., etc.

On se sépara à plus de deux heures après minuit. Le lendemain matin, le général Berthier donna pour escorte à M. Biogi quatre grenadiers intelligents choisis dans une des demi-brigades qui avaient le plus agi dans la bataille, sur le plateau de Rivoli. M. Biogi se mit en route avec eux et fut très-content de leur conversation. Par son bon sens, dit-il, elle me rappelait celle du général en chef ; il eût été difficile de montrer plus d'intelligence que ces braves jeunes gens. On coucha dans un village ; le lendemain M. Biogi parcourut avec eux tout le champ de bataille. Quand il fut à gauche, dans la gorge qui descend vers le lac de Garde, M. Biogi avançait toujours ; les grenadiers, dont deux avaient pris les devants, s'arrêtèrent et l'un de ceux qui étaient restés avec M. Biogi, lui dit :

— Citoyen, nous avons l'ordre de t'escorter ; ainsi, ce n'est nullement pour gêner tes actions, nous t'accompagnerons partout où tu voudras aller ; mais si tu continues à descendre ainsi vers le lac, tu vas avoir des coups de fusil. Les paysans de ces environs sont méchants.

M. Biogi répondit que c'était par pure curiosité et entraîné par la beauté du paysage, qu'il descendait vers le lac. Il revint avec eux vers le village de Rivoli et choisit le point de vue de son tableau à côté d'un petit mur récemment démoli par le canon. Les grenadiers le regardaient faire et semblaient ne pas vouloir s'éloigner de son chevalet, à cause de leur consigne. Au bout d'une heure, l'un d'eux lui dit :

— Tu ne cours ici aucun danger ; notre capitaine a été tué à trois cents pas en avant ; c'était un brave homme ; si tu n'as pas besoin de nous, nous voudrions revoir l'endroit.

Quelques instants après, M. Biogi les voyant s'arrêter tous les quatre et regarder attentivement par terre, laissa son dessin et alla les joindre ; il les trouva les larmes aux yeux.

— C'est là que le pauvre capitaine a été tué, il sera enterré tout près.

Ils se mirent à fouiller avec leurs baïonnettes, les endroits où la terre paraissait nouvellement remuée et enfin s'arrêtèrent, sans mot dire ; ils avaient reconnu leur capitaine, dont la poitrine n'était pas recouverte de plus de trois doigts de terre. M. Biogi touché, malgré sa froideur habituelle, les suivit plus d'une heure. Ils lui montraient toutes les marches et contre-marches, qu'avait faites la compagnie, avant que le capitaine ne fût tué.

M. Biogi resta trois jours avec eux dans les environs du village de Rivoli. Il prenait des vues du champ de bataille, dans tous les sens, pensant que cela pourrait être agréable au général en chef et, d'ailleurs, il se plaisait beaucoup dans la société de ces quatre grenadiers et commençait à perdre un peu de son antipathie pour l'état militaire.

— Au fait, disait-il, en 1837, c'étaient les officiers que je n'aimais pas ; le général en chef et les grenadiers me plaisaient fort.

Il revint à Vérone, où il passa six semaines, occupé à peindre son tableau et toujours fort bien accueilli du général, qui l'avait engagé à venir le voir tous les jours, à la nuit tombante, lorsqu'il ne pouvait plus travailler ; le général le retenait souvent à dîner.

Un jour que M. Biogi attendait dans le salon à l'heure du dîner, avec plusieurs colonels, le général Berthier parut et dit avec humeur :

— Que faites-vous ici, messieurs ? Ce n'est pas votre place, allez-vous-en.

Comme M. Biogi, un peu déconcerté, se hâtait de sortir avec les colonels.

— Restez, lui dit Berthier ; ce n'est pas pour vous que je parle ; le général a toujours beaucoup de plaisir à vous voir; vous devez vous en apercevoir; il vous fait placer à ses côtés, il vous parle.

Ce que Berthier disait avait un peu d'humeur, le général en chef ne parlant jamais à lui ou à un autre officier, que pour faire une question bien sèche. Berthier ne paraissait absolument qu'un commis, chargé de distribuer des ordres.

— On ne saurait se figurer, disait M. Biogi, la quantité de gens qui, tous les jours, venaient parler au général en chef. Il y avait des femmes très-bien mises, des prêtres, des nobles, des gens de toute sorte; il les payait bien; aussi, savait-il tout.

M. Biogi était surpris de la distance à laquelle il tenait ses généraux, même les plus distingués; s'il leur adressait un mot, cela était compté comme une faveur, et faisait la conversation de la soirée, parmi eux.

— Rien de moins séduisant que la place que l'on m'offrait, ajoutait-il. Il fallait avoir de l'ambition. Sans doute, à peine revêtu de l'uniforme, il ne m'aurait plus parlé. Et s'il eût continué, quelles jalousies !

Le général en chef parlait volontiers aux soldats, toujours simplement et raisonnablement, et s'attachant à bien comprendre leur idée. Souvent, il prolongeait beaucoup la conversation avec M. Biogi; son regard avait beaucoup de grâce, surtout lorsque la soirée s'avançait, et il était parfaitement poli.

Son âme devinait bien des choses, en fait de beaux arts; il n'avait absolument rien lu en ce genre ; il citait des tableaux d'Annibal Carrache, comme étant de Michel-Ange.

Gros faisait alors son portrait, celui où il est représenté tenant un drapeau et passant le pont d'Arcole ; c'est le seul de cette époque ressemblant [1]. Le général a son sabre au côté, et comme il fait en avant un mouvement violent, la dragonne du sabre est restée un peu en arrière. Berthier, qui pourtant savait dessiner, demanda à Gros pourquoi cette dragonne n'était pas dans une position verticale. Rien de plus simple, dit Napoléon, et il en donna la raison.

— Gros est le seul peintre, ajoutait M. Biogi, qui ait osé rendre les *pauvretés* (terme de peinture) qui, à cette époque, frappaient de toute part les yeux du général, qui avait l'air d'un homme fort malade de la poitrine. On n'était rassuré qu'en réfléchissant aux courses énormes qu'il faisait presque tous les jours et à leur rapidité. Son regard avait quelque chose d'étonnant; c'était un regard fixe et profond nullement l'air inspiré et poétique. Ce regard pré-

---

1. En 1837, ce portrait appartient à la reine Hortense et se voit au château d'Arenenberg, sur le lac de Constance. Morte le 5 octobre 1837, dans ce château d'Arenenberg, le corps de la reine Hortense a été inhumé dans l'église de Rueil, à côté de celui de sa mère l'impératrice Joséphine. R. C.

nait une douceur infinie, quand il parlait à une femme, ou qu'on lui racontait quelque beau trait de ses soldats. Au total c'était un homme à part, continuait M. Biogi ; aucun de ses généraux ne lui ressemblait, en aucune façon. Lemarrois avait une figure charmante, douce, de bonne compagnie, distinguée et, toutefois, à côté de son général, il avait l'air inférieur. Murat était beau à cheval, mais d'une sorte de beauté grossière. Duphot annonçait bien de l'esprit ; mais Lannes, lui seul, rappelait quelquefois le général en chef.

Celui-ci était environné d'un respect profond et silencieux ; c'était un homme absolument hors de pair et tout le monde le sentait. Toutes les belles dames de Vérone cherchaient à le rencontrer chez le provéditeur vénitien, ancien ambassadeur et fort grand seigneur qui, en présence du général en chef, avait l'air d'un petit garçon.

Quand le tableau représentant le plateau de Rivoli fut terminé, le général en fut content ; il y avait beaucoup de la vérité et de la suavité de Claude Lorrain. Il le paya bien et M. Biogi rendit six louis, sur les vingt-cinq reçus à Florence, disant qu'il n'avait pas dépensé davantage.

Nous n'avons pas changé une parole au récit de M. Biogi, qui vit actuellement retiré dans une petite ville de Bretagne.

XXI

FIN DES TEMPS HÉROIQUES DE NAPOLÉON

Le Grand Conseil, sous la présidence du doge, ayant décrété, le 12 mai 1797, l'abolition du gouvernement, quatre mille Français prirent possession de Venise le 16.

L'amabilité des Vénitiens, l'extrême malheur dans lequel ils sont tombés, l'intérêt que ce peuple inspire à la curiosité du philosophe, comme étant le plus gai qui ait jamais existé [1], tout fait considérer avec un profond regret le parti pris par Napoléon. S'il eût pu agir autrement, peut-être que Venise existerait encore aujourd'hui, et la malheureuse serait moins étouffée par le joug de plomb de l'Autriche. M. de Metternich ne peuplerait pas le Spielberg des Italiens

---

1. Voir les œuvres du poëte Buratti, mort en 1832; par exemple: l'*Elefanteide*, satire.

les plus distingués [1]. Mais on ne peut disconvenir que la conduite du général français n'ait été parfaitement légitime. Il fit tout ce qui était humainement possible pour conserver Venise ; mais il eut affaire à de trop rudes imbéciles.

A l'occupation de Venise par les Français finit la partie poétique et parfaitement noble de la vie de Napoléon. Désormais, pour sa conservation personnelle, il dut se résigner à des mesures et à des démarches, sans doute fort légitimes, mais qui ne peuvent plus être l'objet d'un enthousiasme passionné. Ces mesures reflètent, en partie, la bassesse du Directoire.

Ici donc finissent les temps héroïques de Napoléon. Je me rappelle fort bien l'enthousiasme dont sa jeune gloire remplissait toutes les âmes généreuses. Nos idées de liberté n'étaient pas éclairées par une expérience de filouteries récentes, comme aujourd'hui. Nous disions tous : « Plût à Dieu que le » jeune général de l'armée d'Italie fût le chef de la » République ! »

Le Français ne comprend pas facilement le mérite réfléchi et profond, le seul qui conduise à des succès fréquents ; il aime à se figurer quelque chose de jeune et d'aventureux dans son héros et, sans y

---

1. Mémoires de Silvio Pellico, de Borsieri, d'Andrianne, etc.

penser, entrer dans ce qui reste de l'idée du chevaleresque. En 1798, on croyait un peu que le général Bonaparte avait gagné ses batailles, comme les littérateurs de province croient que La Fontaine faisait ses fables : sans y penser.

Quand on sut Napoléon à Paris et présenté au Directoire, tout le monde dit : Ils vont l'empoisonner! Cette idée commença à flétrir l'enthousiasme qu'inspirait le général de l'armée d'Italie ; on le vit réfléchissant profondément à Paris, pour échapper aux piéges du Directoire. Les temps héroïques de sa gloire cessèrent.

La nouvelle de l'expédition d'Égypte vint rehausser l'idée qu'on avait de la hardiesse de son génie, mais elle diminua celle que nous nous faisions de son amour passionné pour la patrie. La République, disions-nous, n'est pas assez riche, assez au-dessus de ses affaires, pour envoyer ce qu'elle a de mieux en Égypte. Napoléon se prêta à ce projet, par la double crainte d'être oublié ou empoisonné.

Mais, pour en revenir aux batailles, nous avons présenté et presque toujours avec les paroles de Napoléon, les batailles de :

Montenotte, Millesimo, Dego, Pont de Lodi, Lonato, Castiglione, Roveredo, Bassano, Saint-Georges, Arcole, Rivoli, la Favorite, Tagliamento, Tarvis.

Nous exprimerons en beaucoup moins de mots : Chebreïss, les Pyramides..... Waterloo.

Pour être expliquée militairement, une bataille demande cinquante pages ; pour être montrée, au moins clairement, il en faut vingt. Il est facile de voir que les batailles rempliraient tout ce livre. D'ailleurs, tout lecteur qui a quelque idée de géométrie, aime à lire les batailles dans Gouvion-Saint-Cyr, Napoléon, Jomini ; dans les auteurs ou mémoires qui se sont donné la peine de comparer sérieusement les bulletins et les mensonges des deux partis.

XXII

Napoléon avait peur des Jacobins, auxquels il enlevait non-seulement leur puissance, mais encore leurs occupations de chaque jour ; il établit une police pour les surveiller ; il eût bien voulu pouvoir déporter tous les chefs ; mais l'opinion publique eût été révoltée de cette mesure et la fusion qu'il désirait opérer, retardée pour longtemps. Même en exilant les chefs, la crainte des particuliers lui fût restée, et il suffisait d'une vingtaine de ceux-ci pour faire une conspiration et mettre sa vie en danger.

Les Jacobins sont peut-être les seuls êtres que Napoléon ait jamais haïs. Lorsqu'il revint d'Égypte, il trouva le pouvoir réel entre les mains de Sieyès (qu'il regardait comme un Jacobin) ; je dis le pouvoir réel, car le Directoire n'existait encore que parce que personne ne se présentait pour lui donner le coup de la mort, et Sieyès eût pu faire, avec un autre général, ce qu'il fit avec Napoléon.

Après y avoir bien réfléchi, Napoléon crut devoir confier à un ancien Jacobin le soin de surveiller les Jacobins.

Il crut avoir gagné Fouché (en quoi il se trompait); il le chargea :

1° De donner de grandes places à tous les Jacobins gens de mérite;

2° De donner des places secondaires à tous les Jacobins qui auraient pu être dangereux par leur activité et leur enthousiasme pour la patrie;

3° De faire tout ce qui serait agréable personnellement au reste des Jacobins. Il attaquait ainsi l'enthousiasme vertueux par l'égoïsme. Napoléon tenait beaucoup à voir les Jacobins occupés très-activement dans leurs nouvelles places. Fouché devait dire aux plus enthousiastes : « Mais laissez-moi » faire ; ne me connaissez-vous pas ? ne savez-vous » pas ce que je veux ? croyez que j'agis pour le plus » grand bien du parti ; ma place me met à même » de voir ce que peuvent les soldats ; je suis de l'œil » tous leurs mouvements. Dès qu'on pourra agir je » vous le dirai, etc., etc. »

Fouché devait continuer à vivre avec les Jacobins et voir même ceux qui lui étaient personnellement le plus opposés; car autrement comment eût-il pu surveiller leurs actions ? Il était important, à l'égard de beaucoup d'entre eux, de savoir où ils couchaient chaque jour.

Fouché était chargé de surveiller dans leurs âmes les progrès de l'égoïsme, et surtout de donner des occasions d'agir à ceux qui avaient encore de l'activité et du feu.

Le parti royaliste était aimé par Napoléon : *Ces gens-là sont les seuls qui sachent servir*, dit-il, lorsque M. le comte de Narbonne, chargé de lui remettre une lettre, la lui présenta sur le revers de son chapeau à trois cornes. S'il l'eût osé, Napoléon se fût entouré exclusivement de gens appartenant au faubourg Saint-Germain.

Ceux d'entre eux qui étaient admis à une sorte de confidence par l'Empereur, s'étonnaient naïvement de ses ménagements pour le parti de la révolution qui, par exemple, régnait ouvertement au Conseil d'État, alors, de bien loin, le premier corps de l'Empire. Ce qui se passait au Sénat et au Corps législatif n'était qu'une cérémonie.

Les confidents, pris dans le parti royaliste dont j'ai parlé, eurent toujours peur de l'Empereur, en lui parlant, et ne purent jamais comprendre que lui Empereur eût peur de quelque chose.

Il eut grand'peur, d'abord, de tous les Jacobins ; lorsque cette première peur se fut calmée, il eut grand'peur de Fouché, essaya de le remplacer par M. Pasquier et enfin par le général Savary, duc de

Rovigo. La bonne volonté de tyrannie, le courage et l'activité ne manquaient pas à ce dernier. Mais ayant toujours vécu à l'armée, il ne connaissait pas du tout les Jacobins.

M. Pasquier lui-même ne les connaissait que bien imparfaitement.

Jusqu'à quel point Fouché trompa-t-il l'Empereur?

XXIII

CHUTE DE NAPOLÉON

L'Empereur périt par deux causes :

1° L'amour qu'il avait pris pour les gens médiocres, depuis son couronnement.

2° La réunion du métier d'empereur à celui de général en chef. Toute la soirée qui précéda la journée du 18 juin 1813 à Leipsick, fut prise par le métier d'empereur ; il s'occupa à dicter des ordres pour l'Espagne, et non les détails de la retraite du lendemain, qui manqua faute d'ordre. Berthier, comme à l'ordinaire, n'avait rien prévu, rien osé prendre sur lui. Par exemple, un officier d'ordonnance de l'Empereur aurait dû avoir le commandement du pont de l'Elster et juger du moment de le faire sauter.

A Leipsick, une armée de cent cinquante mille

hommes fut assommée par une armée de trois cent mille ; il n'y eut là ni art ni manœuvre.

L'armée de cent cinquante mille hommes était composée de jeunes soldats, harassés de fatigue et commandés par des généraux usés et fatigués, lesquels obéissaient eux-mêmes à un homme de génie, plus occupé de son empire que de son armée.

Le général en chef qui lui était opposé, homme aimable dans le monde, était stupide à la tête d'une armée, et d'ailleurs, embarrassé par la présence de deux souverains qui, à tout moment, poussés par leurs courtisans, entreprenaient de corriger les fautes qu'ils lui voyaient commettre. L'impéritie absolue de l'aimable prince Swarsemberg et le désordre qui en était la suite, permet de croire que si elle avait eu affaire au général de l'armée d'Italie, uniquement occupé de son objet, l'armée française eût été sauvée. Mais il eût fallu pour cela un chef d'état-major actif, capable de quelques combinaisons et qui osât, le cas échéant, prendre sur lui au moins des mesures secondaires ; en un mot, le contraire de Berthier. Nous l'avons vu à cette époque, homme totalement usé, fort occupé comme son maître de son nouvel état de prince, craignant d'en compromettre les priviléges, en étant trop poli dans la forme de ses lettres. Ce prince était tellement usé et fatigué, que lorsqu'on allait lui demander des ordres, on le trouvait souvent renversé dans son fauteuil, les pieds appuyés sur sa table et sifflant, pour toute réponse ; on ne distinguait d'autre mouvement, dans cette âme dépourvue de toute activité, qu'une aversion bien prononcée pour les généraux qui montraient du caractère et de l'énergie, choses tous les jours plus rares dans l'armée. Est-il besoin d'avertir qu'il ne s'agit pas de bravoure ? Tous étaient braves, et l'on sait assez que les généraux qui manquent d'énergie dans leur métier et qui tremblent de compromettre leur réputation, en faisant avancer un bataillon, croient suppléer à ce qui leur manque, par une grande témérité personnelle.

Si l'Empereur aimait à s'environner de chambellans à manières élégantes, fournis par le faubourg Saint-Germain, le prince Berthier avait une prédilection évidente pour les jeunes officiers qui affectaient une élégance de costume, et qui connaissaient profondément toutes les nuances de l'étiquette.

On peut affirmer que le prince Berthier a été la cause directe d'une bonne moitié des malheurs de l'armée française, à partir de la bataille d'Eylau, où, par sa faute, un corps d'armée ne donna pas (le corps du maréchal Bernadotte).

Cette fatigue d'une tête usée produisait souvent, dans les marches, des encombrements de troupes sur les mêmes routes, dans les mêmes villages, et causait des désordres affreux, qui nous aliénaient de plus en plus les habitants du pays, d'ailleurs si bons et si humains.

Si cette décadence ne fut visible, en 1805, qu'aux hommes qui voyaient les affaires de fort près, c'est que l'Empereur avait eu le bonheur de rencontrer le comte Daru, ancien ordonnateur de l'armée de Masséna à Zurich. Cet homme rare, prodige d'ordre et de travail, était timide dans tout ce qui avait rapport à la politique, et était surtout grand ennemi des Jacobins qui, pendant la Terreur, l'avaient jeté en prison. Sous le nom d'*intendant général*, l'Empereur avait chargé le comte Daru d'une grande partie des fonctions du major-général. Les seuls mouvements de troupes étaient restés à ce dernier, ce qui était encore au-dessus de ses forces.

Le comte Daru travaillait directement avec l'Empereur; mais, trop habile et surtout trop occupé pour essayer de lutter contre le major-général, il lui faisait des rapports sur une foule de mesures qu'il soumettait à son approbation. On voyait souvent le comte Daru répondre à une proposition par ces mots : « Je prendrai les ordres du prince de Neufchâtel. » (C'était, comme on sait, le nouveau titre du général Berthier.)

Le comte Daru administrait :

1° Les vivres;
2° Les finances de l'armée;
3° Les pays conquis divisés en intendances.

Les intendants étaient pris parmi les auditeurs au conseil d'État. On sent que l'administration des vivres et celle des pays conquis avaient des rapports nécessaires et continuels avec les mouvements de troupes. M. Daru avait des conférences continuelles avec le prince major-général, et osait lui faire connaître la vérité qui, souvent, n'était pas aimable.

Les malheurs de l'armée, provenant du manque absolu de raison dans les détails, donnaient des accès de colère au comte Daru, dont la brusquerie devint célèbre dans l'armée. Chose unique à cette époque, il osait tenir tête aux maréchaux. Il était d'une probité sévère; aussi l'Empereur lui donna-t-il une dotation de soixante-dix mille francs de rente; et tous les premiers de l'an il lui faisait cadeau de dix mille francs de rente.

TABLE CHRONOLOGIQUE

DE LA VIE DE NAPOLÉON

Napoléon naît à Ajaccio, le............	15 août 1769.
Ses ennemis disent qu'il était né le 5 février 1768. Est-il probable qu'il fût fils naturel de M. de Marbeuf?	
Élève à l'école militaire de Brienne, en	1779.
— — de Paris, en...	1783.
Lieutenant au 4ᵉ régiment d'artillerie.	1ᵉʳ septembre 1785.
Capitaine (à vingt-deux ans et demi)...	6 février 1792.
Chef de bataillon	19 octobre 1793.
Adjudant général, chef de brigade (colone)........................	Décembre 1793.
Dugommier le nomme général de brigade à Toulon................	6 février 1794.
Destitué après le 9 thermidor an II (27 juillet 1794), il languit à Paris, et, assure-t-on, demande à passer en Orient.	
Il commande les troupes de la Convention contre les sections révoltées, le 13 vendémiaire an IV..............	5 octobre 1795.

TABLE CHRONOLOGIQUE.

Il est commandant en second de l'armée de l'intérieur sous Barras.
Général de division.................. 16 octobre 1795.
Général en chef de l'armée de l'intérieur........................ 26 octobre 1795.
Il se marie.
Général en chef de l'armée d'Italie..... 23 février 1796.
Il termine ses célèbres campagnes en Italie par les préliminaires de Léoben. Aucun général n'a quatorze mois à comparer à ceux-là................ 18 avril 1797.
Général en chef de l'armée d'Angleterre............................ 9 décembre 1797.
Général en chef de l'armée d'Orient.... Avril 1798.
Part de Toulon pour l'Égypte .... 19 mai 1798.
Expédition de Syrie; se met en retraite le........................ 20 mai 1799.
Il s'embarque pour l'Europe........... 1799.
Journées des 18 et 19 brumaire an VIII. 9 et 10 nov. 1799.
Premier consul, 22 frimaire an VIII... 13 décembre 1799.
Bataille de Marengo, 24 floréal an VIII. 14 mai 1800.
Explosion de la machine infernale le 3 nivôse an IX.................... 24 décembre 1800.
Paix de Lunéville, 20 pluviôse an IX.. 9 février 1801.
Publication du concordat conclu avec le pape le 15 janvier 1802 (25 nivôse an X........................... 18 avril 1802.
Création de l'ordre de la Légion d'honneur, le 29 floréal an X............. 19 mai 1802.
Consul à vie, le 14 thermidor an X.... 2 août 1802.
Promulgation du code civil, le 30 floréal an II...................... 20 mai 1803.
Conspiration de Moreau, Pichegru, Georges........................... 1804.

TABLE CHRONOLOGIQUE.

Exécution du duc d'Enghien, le 30 ventôse an XII....................	21 mars 1804.
Empereur des Français, 28 floréal an XII.	18 mai 1804.
Couronné par Pie VII, 2 frimaire an XIII.	2 décembre 1804.
Roi d'Italie, 24 ventôse an XIII.	15 mars 1805.
Il prend Vienne, 22 brumaire an XIV..	13 novembre 1805.
Bataille d'Austerlitz, 11 frimaire an XIV.	2 décembre 1805.
Paix de Presbourg, 5 nivôse an XIV...	26 décembre 1805.
Création des royaumes de Hollande et de Naples........................	1806.
Bataille d'Eylau	10 février 1807.
Bataille de Friedland	14 juin 1807.
Première abdication à Fontainebleau...	11 avril 1814.
Retour de l'Ile d'Elbe. — Rentre à Paris.	20 mars 1815.
Seconde abdication...................	21 juin 1815.
Meurt à Sainte-Hélène...............	5 mai 1821.
Rentrée de ses restes à Paris. — Grande pompe	15 décembre 1840.

CAMPAGNES D'ITALIE

BATAILLES ET COMBATS

Montenotte, le 23 germinal an IV......	12 avril	1796.
Millesimo, le 25 germinal an IV	14 —	—
Dego, le 26 germinal an IV	15 —	—
Saint-Michel, le Ier floréal an IV......	20 —	—
Mondovi, le 3 floréal an IV	22 —	—
Armistice de Cherasco, le 9 floréal an IV.	28 —	—

17.

Pont de Lodi, le 21 floréal an IV...... 10 mai 1796.
Entrée à Milan, le 26 floréal an IV..... 15 — —
Révolte à Pavie, le 5 prairial an IV.... 24 — —
Lonato, le 16 thermidor an IV......... 3 août 1796.
Castiglione, le 18 thermidor an IV..... 5 — —
Roveredo, le 18 fructidor an IV........ 4 septembre 1796.
Bassano, le 22 fructidor an IV......... 8 — —
Saint-George, le 29 fructidor an IV..... 15 — —
Irréussite de Caldiero, le 22 brumaire
    an V.................................. 12 novembre 1796.
Arcole, 1re, 2e, 3e journées, les 25, 26, 27
    brumaire an V..................... 15, 16, 17 nov. 1796.
Rivoli, le 25 nivôse an V.............. 14 janvier 1797.
La Favorite, le 27 nivôse an V......... 16 — —
Le Tagliamento, le 26 ventoso an V... 16 mars 1797.
Occupation de Venise, le 27 floréal an V. 16 mai 1797.

TABLE

ET SOMMAIRE DES FRAGMENTS

I. État de l'opinion publique en France en 1794. — La Corse : ses mœurs, sa lutte contre Gênes et contre la France. — Parallèle de Paoli et de Napoléon. — La famille Bonaparte. — MM. de Marbeuf et de Narbonne. — Napoléon à Brienne.................................. 1

II. Napoléon à Valence. — Imperfection de son éducation. — Ses erreurs en politique. — Il tient garnison à Auxonne. — Son début comme auteur. — Imprime à Avignon la brochure intitulée : *Le souper de Beaucaire*. — Révolution française : Comment elle est envisagée à l'étranger. — Troubles politiques et insurrections à l'intérieur. — Énergie de la Convention. — Napoléon chef d'un bataillon de la garde nationale en Corse. — Il se rend à l'armée devant Toulon, pour y prendre le commandement en chef de l'artillerie................. 27

III. Napoléon général de brigade à l'armée d'Italie, reçoit une mission pour Gênes. — Il est mis en état d'arrestation ; sa belle justification. — Vient à Paris, y est destitué, son dénûment est extrême. — Note sur Napoléon par une femme. — Seconde note par une autre femme. — Rapports de Napoléon avec M. de Pontécoulant. — Considérations générales sur la situation de la France. — Journée du 1er prairial an III (20 mai 1795). — Expédition de Quiberon. — Constitution de l'an III. — Combat naval d'Ouessant. — Journée du 13 vendémiaire an IV (5 octobre 1795)... 52

IV. Napoléon prend le commandement de l'armée d'Italie, à son arrivée à Nice, le 27 mars 1796. — Dénûment absolu de cette armée. — Bonaparte demande au Sénat de Gênes réparation de l'attentat commis sur la frégate *la Modeste.* — Beaulieu remplace Devins dans le commandement de l'armée autrichienne en Italie. — La campagne s'ouvre le 10 avril 1796. — Montenotte. — Millesimo. — Dego. — Saint-Michel. — Mondovi. — Armistice de Cherasco. —... 102

V. Considérations sur la situation et les opérations des armées françaises en Allemagne, en 1796. — Pichegru. — Moreau. — Jourdan. —........................... 114

VI. Passage du pont de Lodi........................... 118

VII. Misérable état de l'armée d'Italie. — Lettre de Napoléon au Directoire, du 14 mai 1796. — Milan, la Lombardie : ses mœurs, ses dispositions à l'égard des Français. — Révolte à Pavie. — Bonaparte quitte Milan le 24 mai. — Le 30, l'armée française passe le Mincio. — Beaulieu se retire au delà de l'Adige........................... 126

VIII. Réflexions sur l'état moral de l'armée française en Italie. — Venise : ses habitudes sociales, son gouvernement. — Masséna entre à Vérone le 3 juin 1795. — Le général Serrurier est chargé du blocus de Mantoue. 157

IX. Bonaparte entre à Bologne le 19 juin 1796. — Armistice signé à Foligno le 24. — Occupation d'Ancône et de Li-

vourne. — Bonaparte va visiter le grand duc de Toscane
à Florence, le 1er juillet...................... 164

X. Description du lac de Garde et de ses environs. — Gaîté
des soldats français. — Le génie militaire de Napoléon se
développe et grandit au milieu des circonstances les
plus périlleuses. — Wurmser remplace Beaulieu dans le
commandement de l'armée autrichienne en Italie. —
Napoléon est obligé de lever le siége de Mantoue. —
Madame Bonaparte manque d'être prise par les Autrichiens. — Surprise de Lonato. — Bataille de Castiglione.................................. 169

XI. Bataille de Roveredo......................... 189

XII. De l'art militaire............................. 192

XIII. Occupation de Modène par les Français. — Bologne et
Ferrare forment l'une des deux républiques cispadanes,
Reggio forme la seconde. — Occupations de Bonaparte
depuis le combat de Saint-George jusqu'à l'attaque de
Caldiero. — Le général Gentili débarque en Corse, le
19 octobre 1796......................... 201

XIV. Embarras de Bonaparte au sujet des fripons qui occupaient la plupart des emplois administratifs à l'armée
d'Italie. — Le Directoire envoie le général Clarke au
quartier général, pour y observer la conduite de Napoléon.................................. 209

XV. Bataille d'Arcole........................... 215

XVI. Portraits des généraux : Berthier, Masséna, Augereau,
Serrurier............................... 228

XVII. Retour de Napoléon à Milan, le 19 septembre 1796. —
Sa profonde haine pour les fournisseurs........... 235

XVIII. Intervalle d'Arcole à Rivoli (du 18 novembre 1796

au 14 janvier 1797). — Situation politique de la France ; attitude des différents partis ; faiblesse du Directoire. — Effroi occasionné à Vienne par la défaite d'Arcole ; grands efforts de l'Autriche pour en atténuer les résultats. — On croit Napoléon empoisonné ; malgré de grandes souffrances, son activité redouble ; origine de sa maladie. 241

XIX. Fermentation révolutionnaire dans les États de terreferme de la république de Venise. — Bataille de Rivoli. — Bataille de la Favorite.......................... 250

XX. M. Biogi, jeune peintre français ; beau caractère, noblesse et simplicité............................ 266

XXI. Fin des temps héroïques de Napoléon. 278

XXII. Les Jacobins et Fouché 282

XXIII. Chute de Napoléon.— Berthier.— Le comte Daru. 286

Imprimerie générale de Châtillon-sur-Seine, Jeanne Robert.

www.ingramcontent.com/pod-product-compliance
Lightning Source LLC
Chambersburg PA
CBHW060406170426
43199CB00013B/2021